Opus 58

Espace de l'Art Concret Mouans-Sartoux

Texte/Text
Axel Sowa

Photographies / Photographs
Serge Demailly

Edition Axel Menges

Éditeur / Editor: Axel Menges

ISBN 3-932565-58-4

Impression et reliure / Printing and binding: Daehan Printing & Publishing Co., Ltd. Sungnam, Korea

Traduction en anglais / Translation into English: Gerald Binding
Design: Axel Menges

Table des matières

Table of contents

Axel Sowa

L'Espace de l'Art Concret à Mouans-Sartoux

»Nous ne voulons pas copier la nature. Nous ne voulons pas reproduire, nous voulons produire. Nous voulons produire comme une plante qui produit un fruit et ne pas reproduire. Nous voulons produire directement et non par truchement. Comme il n'y a pas la moindre trace d'abstraction dans cet art nous le nommons: art concret.«[1] (Jean Arp)

Apercevoir, percevoir

Que l'œuvre ne représente strictement rien; qu'elle ne renvoie pas à un autre objet qu'elle-même, tel est l'énigme de l'art concret. Les œuvres rangées sous l'appellation »art concret« affichent certains traits en commun; elles paraissent silencieuses, tout en dégageant une forte présence; elles ont l'air simples tout en étant des *artefacts* parcimonieusement prémédités. Ainsi produisent-elles des effets imminents tout en étant les résultats d'une rigoureuse épuration, d'une patiente recherche vers une meilleure économie de moyens. Le premier à vouloir ainsi dénommer différentes manifestations artistiques, qui n'avaient pas encore trouvé de dénominateur commun, fut le Néerlandais Théo van Doesburg inventeur, en 1930, du terme »art concret«[2]. Selon lui, l'art concret donne vie à des formes originelles, autonomes. Celles-ci exigent une programmation, une préméditation, et finalement toute une préparation spirituelle. L'œuvre étant préconçue dans l'esprit de son créateur, le processus de sa fabrication prend le statut d'une mise à l'épreuve. Fabriquer, c'est vérifier une hypothèse, confronter l'idéalité d'une forme de l'esprit avec la réalité matérielle.[3] Identifiés comme un ballast de la tradition picturale, les traces du pinceau, le *ductus*, l'écriture et toute autre expression reconnaissable d'un maître, sont donc relégués au second plan car les œuvres de l'art concret aspirent avant tout au pouvoir démonstratif. Elles nous dévoilent les liens entre les éléments d'un tout. Elles n'exposent que des faits visuels et les lois qui les régissent. Elles rendent perceptibles les rapports et les contrastes à l'intérieur d'un ordonnancement limpide.

Si l'art des époques pré-modernes, basé sur l'imitation, était voué à la représentation plus ou moins fidèle du monde tel qu'il se donne à nos sens, l'art concret est un art qui fuit tout illusionnisme. C'est un art non-figuratif, dégagé des symboles et des narrations qui nous invite avant tout à prendre conscience du fonctionnement élémentaire de nos sens. Il s'adresse aux seuils de notre attention, aux processus perceptifs en marche. Alors que la science cherche à rendre intelligible la construction d'un monde extérieur, œuvre de notre système neuronal, l'art concret, lui, ne décrit rien. Il rend simplement présent en s'adressant de la façon la plus immédiate à nos sens, soit pour conforter notre désir d'harmonie, soit pour déstabiliser nos habitudes perceptives. Prétendument factuel, l'art concret conduit finalement à l'implosion de tout langage employé à sa description. Tout langage qui voudrait signifier, dénoter, décortiquer bute inéluctablement sur une tautologie: »Ce que vous voyez est ce que vous voyez«.[4] Une fois arrivé au bout de cette phrase, portée par son propre mouvement circulaire et autoréférentiel, nous ne pouvons que recommencer au début. La phrase répète sans fin, sans qu'il y ait le moindre gain d'information, deux fois à la deuxième personne du pluriel le verbe »voir«. Si la phrase n'informe pas; si la question »Qu'est-ce que nous voyons?« doit donc rester sans réponse, elle nous incite, peut-être, à en poser une autre: »Comment voyons-nous ce que nous voyons?« ou »Comment fonctionne notre perception?« Or, finalement, nous n'en savons pas grande chose. La »neuro-magie« dont notre cerveau est capable, reste un terrain largement méconnu. Le traitement intérieur des stimuli visuels, acoustiques ou tactiles nous procure la certitude que le monde extérieur existe en dehors et indépendamment de nous-mêmes, mais au-delà de cette constatation nous restons démunis.[5] Mordus par des questionnements sur les modes perceptifs, sur la théorie de la Gestalt et portés par un intérêt pour les idées de l'holisme, les artistes concrets s'en tiennent aux géométries élémentaires, aux échelles chromatiques, au degré zéro de la composition. Pour s'éloigner des traditions picturales et sculpturales académiques, les artéfacts concrets se rapprochent de la sécheresse des tests psychologiques.[6] Au nom de la *Sachlichkeit*, de la plus grande objectivité, l'art concret nous inflige une certaine austérité. Il chasse les dernières traces d'expressivité. Il nous prive de tout débordement voluptueux, de l'hypertrophie vorace des entrelacs ornementaux afin que nous puissions voir plus clair. L'art concret nous encourage à nous fier à notre propre perception: Allez vérifier vous-même! Allez aiguiser vos propres outils perceptifs!

Former – éduquer

»L'Espace de l'Art Concret« est le nom d'un projet à long terme qui se déploie dans un parc sur la petite commune de Mouans-Sartoux dans les Alpes-Maritimes. Abandonnés au Moyen Âge en raison de la peste, les deux villages, Mouans et Sartoux, sont fusionnés en 1858 par Napoléon III. La nouvelle commune Mouans-Sartoux vit alors de l'agriculture, de la soie, du parfum. Son noyau primordial consiste en une succession de rangées de maisons en direction nord–sud. Ce bâti dense, interrompu par de minces ruelles, s'arrête au nord devant une ancienne dépendance seigneuriale construite vers la fin du XVe siècle à base d'un plan triangulaire. Largement endommagé lors de la Révolution, ce château est réhabilité au XIXe siècle par la Famille Durand de Sartoux. Le château, entouré d'un parc de trois hectares, est situé sur un plateau au-dessus du village. Depuis l'entrée du parc, on arrive à plein pied devant le porche du château qui donne accès à une cour d'honneur.

Similaire à d'autres châteaux de la Renaissance tardive, celui de Mouans-Sartoux relève d'un glissement des besoins de fortification vers ceux de la représentation. Si les dimensions et la maçonnerie solides des trois tourelles rappellent encore des conflits armés d'un autre temps, l'intérieur du château avec sa curieuse enfilade triangulaire témoigne déjà d'un raffinement de mœurs, soutenu par un cadre bâti aux détails sophistiqués.

L'arrivée de l'art concret à Mouans-Sartoux est la conséquence d'une heureuse rencontre entre un maire et deux collectionneurs suisses. Quelques mois de chaque année, l'artiste Gottfried Honegger et sa compagne Sybil Albers séjournent dans l'arrière-pays de Cannes. Ils se rendent souvent à Mouans-Sartoux et repèrent, vers la fin des années 1980, le château au plan

Axel Sowa

The Espace de l'Art Concret in Mouans-Sartoux

»We do not want to copy nature. We do not want to reproduce, we want to produce. We want to produce as a plant produces fruit and not reproduce. We want to produce directly, not at second-hand. As there is not the slightest trace of abstraction in this art we are calling it concrete art.«[1] (Jean Arp)

Seeing and perceiving

The puzzle at the heart of concrete art is that it represents precisely nothing, that it refers to no other object than itself. The works that fall into the category »concrete art« have certain common characteristics: they seem to be silent, but at the same time have a strong presence; they appear simple, but are *artefacts* constructed with great deliberation and parsimony. They produce immediate effects, but are the result of rigorous refinement and a patient search for the greatest economy of means. The Dutchman Theo van Doesberg was, in 1930, the first to give a variety of artistic objects that had until then had no name the title »concrete art«.[2]
In his view, concrete art gives life to original and autonomous forms. These require planning, deliberation and, finally, a whole preparation of the mind. Since the work has been preconceived in the mind, the process of making it is a kind of test or trial. To make it is to test a hypothesis, to compare the ideality of a form conceived in the mind with the material reality.[3] The ballast of traditional painting – the brush strokes, the *ductus*, the style and all the other recognisable expressions of the master – is consigned to the background, because works of concrete art aim primarily at a demonstrative power. They reveal the links between the elements of a whole. They only set out visual facts and the laws that govern them. They make perceptible the relationships and contrasts that lie within a clear order.

While art of the pre-modern periods, based on imitation, aimed to represent more or less faithfully the world as it appears to our senses, concrete art avoids all illusionism. It is a non-figurative art, devoid of symbols and narrative, that invites us to become aware of the elementary workings of our senses. It speaks to the thresholds of our attention, the perceptive processes at work. Whereas science seeks to make intelligible the construction of the outside world, the work of our neuronal system, concrete art describes nothing. It simply reveals the present by addressing our senses in the most immediate way, either to satisfy our need for harmony, or to upset the habitual ways in which we see. Supposedly factual, concrete art leads finally to the implosion of any language used to describe it. All language that aims to signify and describe inevitably ends up in the tautology »What you see is what you see«.[4] When we arrive at the end of this circular and self-referential expression, we can only go back to the start of it. The sentence repeats endlessly, without any gain of information, the double use of the second person plural of the verb »to see«. Although the sentence provides no information, although the question »What do we see?« has no answer, it provokes us, perhaps, to ask another question: »How do we see what we see?«, or »What is our seeing?« In the end we do not know much about it. The »neuro-magic« our brain is capable of is an area about which we know very little. Internal processing of visual, aural and tactile stimuli gives us assurance that the outside world exists and is independent of ourselves, but we are powerless to go beyond this observation.[5] Addicted to asking questions about the way we perceive and Gestalt theory, and supported by holistic ideas, concrete artists confine themselves to basic geometric forms, colour ranges and a minimal degree of composition. In order to escape from academic pictorial and sculptural traditions, the artefacts of concrete art have something of the dryness of psychological tests.[6] In the name of *Sachlichkeit*, the greatest possible degree of objectivity, concrete art imposes a certain austerity on us. It banishes the last traces of expressiveness. So that we can see more clearly, it deprives us of all sensual abandonment, all the over-burden of ornamental relationships. Concrete art encourages us to take pride in our own perception: check for yourselves! Sharpen your own tools of perception!

Training – education

The »Espace de l'Art Concret« is the name of a long-term project being developed in a park in the small commune of Mouans-Sartoux situated in the Alpes-Maritimes. Abandoned in the Middle Ages because of the plague, the two villages, Mouans and Sartoux, were combined in 1859 by Napoleon III. The new commune Mouans-Sartoux lives by agriculture, silk and perfume. The old kernel consists of successive rows of houses running north–south. This dense building, interrupted by narrow lanes, ends in the north in front of an ancient château built towards the end of the 15th century on a triangular plan. Extensively damaged during the French Revolution, it was rehabilitated during the 19th century by the Durand family of Sartoux. The château, surrounded by a park, sits on a plateau above the village. On entering the park you arrive immediately at the château's porch, which leads to a *cour d'honneur*.

Like other late-Renaissance châteaux, Mouans-Sartoux shows signs of the change from defensive considerations to a concern for presentation. Although the size and solid masonry of the three turrets still recalls the armed conflicts of an earlier period, the interior of the château, with its curious triangular layout, testifies to a refinement of manners, sustained by a building sophisticated in its details.

Concrete art arrived in Mouans-Sartoux as the happy outcome of a meeting between a mayor and two Swiss collectors. For a few months of each year the artist Gottfried Honegger and his partner Sybil Albers spent time in the hinterland of Cannes. They often went to Mouans-Sartoux and in the late 1980s noticed the triangular château, which was then unoccupied. Fascinated by the old building, they approached the mayor, André Archieri, and suggested investment in the château that would enable them to exhibit their large private collection, which they wanted to make accessible to the public. Once they had crossed the threshold of the château the Swiss couple went much further. Their unprecedented action developed and became a regional, and even national, affair. It involved the political decisions of several successive ministers of culture, the Commission for the Visual Arts, the region of Provence-Alpes-Côte d'Azur, and, naturally, André Archieri, the mayor of Mouans-Sartoux, who inaugurated the Espace de l'Art Concret in 1990

1. Marc Barani, cimetière Saint-Pancrace, Roquebrune-Cap-Martin, 1986–93. (Photo: Serge Demailly.)
2. Marc Barani, villa au sud de la France, 2001–04. (Photo: Serge Demailly.)
3. Marc Barani, tram de Nice, 1999–2003. (Photo: Xavier Depaule.)

1. Marc Barani, cemetary Saint-Pancrace, Roquebrune-Cap-Martin, 1986–93. (Photo: Serge Demailly.)
2. Marc Barani, villa in Southern France, 2001–04. (Photo: Serge Demailly.)
3. Marc Barani, tramway of Nice, 1999–2003. (Photo: Xavier Depaule.)

triangulaire alors inoccupé. Fascinés par la vieille bâtisse, ils approchent le maire, André Aschieri, pour lui suggérer d'investir le château afin d'y exposer les œuvres de leur importante collection privée qu'ils souhaitent rendre accessible au public. Une fois le seuil du château franchi, le couple suisse va aller beaucoup plus loin. Leur action d'une nature sans précédent prend de l'ampleur. Elle devient une affaire régionale, voire nationale. Elle fédère les volontés politiques de plusieurs ministres successifs de la culture, la délégation aux arts plastiques, la région Provence-Alpes-Côte d'Azur et, bien sûr André Aschieri, le maire de Mouans-Sartoux qui, en 1990, a inauguré L'Espace de l'Art Concret en présence du ministre de la culture, Jack Lang, qui a joué un rôle majeur dans le processus de réalisation du projet. L'histoire de cet espace hors normes est tellement surprenante que l'on ne peut qu'admirer l'idéalisme des deux collectionneurs suisses qui ont réussi à mettre en branle toute la machinerie des pouvoirs culturels français pour initier et ancrer dans les structures de l'état un projet novateur à vocation artistique, pédagogique et sociale. Dès sa création, les initiateurs de l'Espace de l'Art Concret cherchaient à s'éloigner du modèle des musées existants, jugés peu propices à l'inscription de leur projet pédagogique dans le tissu social d'une petite commune de quelque 10 000 habitants. Les premières manifestations de l'Espace de l'Art Concret sont intitulées: »Voir et s'asseoir«, »Le regard libéré«, »Ecoutez voir« ou »Comparez pour voir«. Ces expositions sont organisées à partir du fond de la vaste collection Albers-Honegger et animées par leurs propriétaires.

Durant les premières années de son activité, l'Espace de l'Art Concret coïncide avec celui du château dont le plan triangulaire servira de logo à la nouvelle institution communale. Dans les salles du château peint en blanc, Albers et Honegger accrochent et installent tous les six mois une autre partie de leurs collections – peintures, sculptures, objets de design, de Max Bill, Aurélie Nemours, Carl André, Josef Albers, Hans Arp, Eduardo Chillida, Gerrit Rietveld ou Günther Uecker.

Les grandes collections privées sont avant tout des accumulations de trésors. Elles témoignent de la sensibilité et des connaissances d'un collectionneur valorisant l'individualité de chaque pièce par son acquisition, par le souhait de l'incorporer dans sa collection. Les objets ainsi réunis constituent une sorte de société, animée par des rapports harmonieux ou conflictuels. Et lorsque la politique d'acquisition laisse supposer un engagement à long terme, lorsqu'elle est régie par une logique consistante, par un principe transparent, le collectionneur réclame tout naturellement un pouvoir de définition. Sybil Albers et Gottfried Honegger, animateurs de l'Espace de l'Art Concret, contestent le monopole de définition de l'art communément partagé entre les muséologues, les conservateurs, les galeristes et les critiques d'art. L'art concret est pour eux moins une affaire de rigueur classificatoire qu'un moyen de transmettre le sens de ce qui leur importe dans la vie avec leurs œuvres: vivre avec une œuvre originale, enseigner à voir, à faire et à se faire une image, tel est l'engagement du couple suisse. Gottfried Honegger estime que »les responsables de l'éducation n'ont pas encore compris l'importance de l'éducation artistique«[7]. Il veut éduquer avec et par les moyens de l'art non seulement pour aider les enfants à déployer leur créativité mais aussi pour faire de l'art un vecteur de la politique sociale. Dans sa vingt-troisième lettre sur l'éducation esthétique que Friedrich Schiller avait adressé à son mécène, le Prince de Schleswig-Holstein-Sonderburg-Augustenburg, on peut lire: »Pour conduire l'homme sensible à la raison, il n'y a pas d'autre chemin que celui de l'esthétique.«[8] Pour Schiller, le sentiment esthétique joue un rôle de médiateur entre les sensations que nous recevons de façon passive et nos actions guidées par la volonté et des valeurs morales. L'esthétique serait alors l'antichambre de la morale car elle forme notre sensibilité. Elle nous aide à dépasser notre passivité pour que nous puissions affiner notre propre perception. Elle nous propose des distinctions primordiales, initiant en nous le sentiment de beauté. Elle serait alors une étape incontournable sur le long chemin vers l'autodétermination de l'homme.

in the presence of the then minister of culture, Jack Lang, who played a major role in the process of realizing the project. The story of this quite unusual showplace is so surprising that one can only admire the idealism of the two Swiss collectors who set in motion all the machinery of the French cultural authorities to launch and anchor in state structures an innovative artistic, teaching and social project. From the start the initiators of the Espace de l'Art Concret tried to escape from the model of existing museums, which was thought inappropriate for the setting up of their teaching project in a small commune of 10 000 people. The first exhibitions at the Espace de l'Art Concret were entitled »Looking and sitting down«, »Looking liberated», »Listen to see« or »Compare in order to see«. These exhibitions were drawn from the vast Albers-Honegger collection and were curated by their owners.

During the first years of its activity the Espace de l'Art Concret used the triangular plan of the château as the logo for the new communal institution. In the white-painted rooms of the château, Albers and Honegger hung and installed a new section of their collection every six months – paintings, sculptures, design objects by Max Bill, Aurélie Nemours, Carl André, Josef Albers, Hans Arp, Eduardo Chillida, Gerrit Rietveld or Günther Uecker.

The great private collections are above all accumulations of treasures. They are a mark of the sensibility and the knowledge of a collector who increases the individuality of each piece by his purchase, by his desire to make it part of his collection. The objects thus brought together constitute a sort of society related by harmonious or conflicting relationships. And when the purchasing policy indicates a long-term undertaking, when it is governed by a consistent logic, a clear principle, the collector naturally plays a defining role. Sybil Albers and Gottfried Honegger challenge the monopoly of definition that is commonly shared by museum administrators, curators, gallery owners and art critics. For them concrete art is less a matter of rigid classification than a means of conveying by the works they own a sense of what in life is important to them: living with an original work, teaching people to see, making and getting an image made – this is their undertaking. Gottfried Honegger believes »the educational authorities have not yet understood the importance of art education«.[7] He wants to educate with and through the means of art, not only to help children be creative, but to make art a vector of social policy. In Friederich Schiller's 23rd letter on aesthetic education, addressed to his patron, the Prince of Schleswig-Holstein-Sonderburg-Augustenburg, we read: »To lead a sensitive man to reason, there is no path apart from the aesthetic.«[8] For Schiller the aesthetic sentiment plays the role of mediator between the sensations we receive passively and the actions that are guided by our will and moral values. The aesthetic is therefore an anti-chamber of morality, for it trains our sensibility. It helps us to go beyond our passivity, so that we can refine our own perceptions. It presents us with primordial distinctions by initiating in us a sense of beauty and is an unavoidable step on the long road to man's self-determination.

The Ateliers pédagogiques

Clearly, educational activities play an important role in the work of the Espace de l'Art Concret. In 1998, with the help of financing from the town of Mouans-Sartoux and the Ministry for Culture and Communications, the Espace de l'Art Concret was able to expand. The teaching workshops designed by the Nice-based architect Marc Barani strengthened the educational activities by providing a painting, acoustic and computer graphics laboratories.

Marc Barani made his debut in 1990 with the extension to the cemetery of St Pancras in Roquebrune-Cap-Martin. The way he located the cemetery in the local landscape and his use of original vegetable and mineral materials immediately brought him to notice.

In Mouans-Sartoux Barani delivered an ambiguous building; invisible from the château, it can only be seen as a terrace which extends the upper plateau of the park to a different level that is wooded with green oak trees and provides a relaxation area with benches and a pond. This terrace, which covers the workshops, is slightly off-set in relation to the ancient support wall, in order to make room for the steps that descend to the garden adjoining the teaching spaces. Though it is part of the park, the children's garden takes into account their need for privacy. Barani has very sensitively fitted his project into the topography of the site to provide a private, almost hidden spot. The single façade and the entrance to the workshops can only be seen from the garden. The building is sheltered from light from the west by a reinforced concrete frame which is filled with a composition of carefully-proportioned rectangles. The four surfaces, two glassed and two painted white, are level with the front line of the building. The entrance leads into the main room, which opens on to the garden, and the painting rooms at the back of the building are lit by light from above. The soft and changing light that fills the rooms passes through a pane of sanded glass and through the water of the pond on the roof terrace. The filtered light creates a calm atmosphere that helps the children concentrate on the easels in front of them.

During our visit, the assistant who runs the workshop told us that, in accordance with Gottfried Honegger's wishes, the children always painted standing up. If they put their wrists on a sheet of paper to write, they would lose the freedom of gesture needed for painting.

The Donation Albers-Honegger

As the year 2000 approached, the Espace de l'Art Concret, after ten years of activity, entered a new phase of its life. Albers and Honegger decided to donate their collections to the French state, on the understanding that it would finance a building to house the nearly 500 works. A competition to appoint the architects was launched and was won by the Zurich agency Annette Gigon and Mike Guyer.

The building, which was opened to the public on 26 June 2004, is situated on steeply-sloping wooded land at the rear of the château's park. From the entrance of the park its yellowish-green colour filters through the branches of the trees. When we visited in spring the colour of the stained concrete was identical with that of the new leaves of the park's chestnut trees. However, the architects' intention is certainly not to camouflage. They say they want to patinate the concrete walls in a colour similar that of the lichens that will eventually live on their surfaces. This way of anticipating, by homogeneous and chemical painting, future vegetable growth

Les Ateliers pédagogiques

Il va donc de soi que l'activité pédagogique occupe une place très importante dans l'Espace de l'Art Concret. En 1998, grâce au financement de la ville de Mouans-Sartoux et du ministère de la culture et de la communication, l'Espace de l'Art Concret peut s'étendre. Les Ateliers pédagogiques conçus par l'architecte niçois Marc Barani consolident les activités éducatives par un laboratoire de peinture, de son et d'infographie.

Barani a débuté en 1990 avec l'extension du cimetière de Saint-Pancrace à Roquebrune-Cap-Martin. L'inscription du cimetière dans la topographie du lieu, la manipulation des matériaux d'origines végétales et minérales lui ont valu une reconnaissance immédiate.

À Mouans-Sartoux, Barani livre un bâtiment ambigu. Invisible depuis le château, il n'est perceptible que sous la forme d'une terrasse qui prolonge le plateau supérieur du parc jusqu'au dénivelé boisé de chênes verts pour offrir un lieu de détente avec des bancs et un bassin d'eau. Cette terrasse qui couvre les ateliers est légèrement décalée par rapport à l'ancien mur de soutènement afin de laisser la place à l'escalier qui mène en contrebas vers le jardin attenant aux espaces pédagogiques. Tout en appartenant au parc, le jardin des enfants tient compte de leurs besoins d'intimité. D'une façon très sensible, Barani inscrit son projet dans la topographie du site pour concevoir un lieu confidentiel, presque secret. Ce n'est qu'à partir du jardin que l'on peut découvrir l'unique façade du bâtiment et l'entrée des ateliers. Celle-ci est protégée contre la lumière de l'ouest par un cadre en béton armé à l'intérieur duquel se trouve une composition de rectangles harmoniques. Les dimensions des quatre surfaces, deux vitrées et deux peintes en blanc, correspondent au tracé régulateur. L'entrée donne directement sur la pièce principale, ouverte sur le jardin, tandis que les salles de peinture au fond de l'édifice sont éclairées par une lumière zénithale. La lumière douce et changeante qui éclaire les salles traverse une plaque de verre sablé mais aussi l'eau du bassin en toiture terrasse. Le filtrage de lumière favorise le calme et la concentration des enfants devant leurs chevalets. Lors de notre visite, l'assistante qui anime l'atelier précise que la peinture, selon le souhait de Gottfried Honegger, doit toujours se faire debout. Les enfants, en posant leurs poignées sur une feuille pour écrire, perdraient le gestuel nécessaire à la peinture.

La donation Albers-Honegger

C'est à l'approche de l'an 2000, après les dix premières années de son activité, que commence une nouvelle étape dans la vie de l'Espace de l'Art Concret. Albers et Honegger décident alors d'offrir leurs collections à l'État français, à condition que celui-ci s'engage à financer la construction d'un édifice qui accueillera la donation de près de 500 œuvres. À ce titre est lancé un concours de maîtrise d'œuvre, qui sera remporté par l'agence zurichoise Annette Gigon et Mike Guyer.

L'édifice qui a ouvert ses portes au public le 26 juin 2004 est implanté sur un terrain boisé à forte pente au fond du parc du château de Mouans. Depuis l'entrée du parc, sa teinte vert anis transparaît à travers les branches des arbres. Lors de notre visite, au printemps, cette couleur de lazure sur béton est identique à celle des jeunes feuilles des marronniers du parc. Mais l'intention des architectes ne se résume certainement pas à une stratégie de camouflage. Ils disent vouloir prépatiner les parois en béton d'une couleur proche des lichens qui, à terme, coloniseront les surfaces. Or cette façon d'anticiper au moyen d'une peinture chimique et homogène l'arrivée des futures traces végétales rendrait parfaitement invisibles les marques du temps qui ne se détacheront plus d'un corps immaculé. La fonction primaire de la couleur monochrome vert anis pourrait être aussi de donner une unité à la forme complexe de l'édi-fice.

Le nouveau bâtiment dans le parc de Mouans-Sartoux possède un corps articulé, asymétrique. L'imbrication de ses volumes parallélépipédiques nous invite à tourner autour, à l'observer sous différents angles telle une sculpture suprématiste. Sans véritablement imposer un ordre rigide à ce libre agencement de volumes, la couleur apporte une cohésion à cet objet. Sans elle, sa forme se décomposerait en une multitude de facettes. Sous l'habit lumineux de la couleur, les angles droits perdent leur caractère cassant. L'intensité de la couleur qui atténue les contrastes de luminosité fait apparaître la géométrie sous un autre jour. Camouflage, patine ou habit monochrome, la couleur, comme bien d'autres éléments de l'architecture de Gigon/Guyer, s'oppose à l'application d'un schéma simple. Si la couleur verte à dominante jaune est omniprésente, sa nature et sa signification premières restent pourtant indéterminées, flottantes. L'attrait majeur de l'architecture de Gigon/Guyer provient de ce flottement des signifiés, de cette oscillation entre plusieurs qualités, de cette indétermination qui persiste, malgré tant de pragmatisme.

Dans son environnement naturel, l'édifice qui accueille désormais la donation Albers-Honegger se manifeste tel un artefact autonome sans trahir d'emblée l'usage auquel il est destiné. Fiché dans le sol, cet objet est erratique et abstrait du fait de son dépouillement. Mais encore faut-il adapter le monolithe vert à son usage. Les architectes doivent alors négocier le rapport entre ses surfaces en béton lazuré et les ouvertures les interrompant. Une légère altération, un effet de distanciation éloigne les baies vitrées de Mouans-Sartoux d'autres baies plus anodines. Et pourtant, les châssis en aluminium sont les mêmes. Ils sont simplement doublés d'un deuxième vitrage accroché à fleur du mur. Ces écrans vitrés extérieurs filtrent les rayons ultraviolets et protègent les stores d'occultation du vent. Mais ils produisent surtout un effet graphique car ils aplatissent les ouvertures pour leur donner l'aspect de simples rectangles qui ponctuent les surfaces monochromes.

Le corps du bâtiment refuse d'épouser la pente. Pour accéder à son intérieur, on doit emprunter une sorte de tube rectangulaire qui, tel un pont-levis, enjambe le dénivelé entre le chemin du parc et le bâtiment. Ce tube qui contient le hall d'accueil se présente comme une excroissance du corps central, un thème que l'on retrouve en plusieurs variations sur les trois autres faces du bâtiment. Si l'aspect extérieur de l'édifice affirmait son caractère artificiel, autonome, sculptural, son intérieur a été formulé sur la base d'une consigne particulière donnée par Gottfried Honegger. L'artiste collectionneur souhaitait que l'architecture qui abrite sa collection ne se confonde pas avec le protocole officiel et stérile des musées dont l'organisation interne est souvent calquée sur le modèle de la galerie, lieu de passage et de contemplation, rue intérieure à l'éclairage zénithal. À la typologie d'une institution publique, Honegger préfère un intérieur

4. Max Bill, Hochschule für Gestaltung, Ulm, 1950–55.

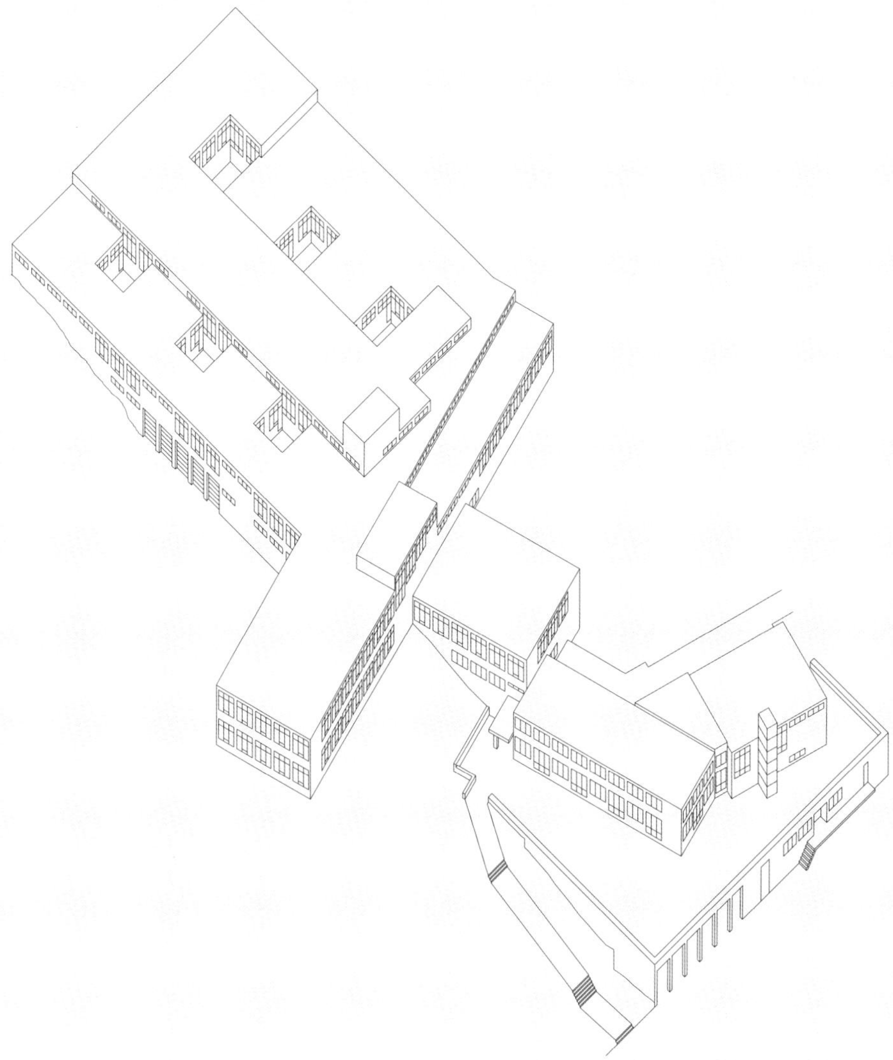

will not stand out from an immaculate building. The main function of the monochrome yellowish-green could also be to give unity to the complex form of the building.

The new building in the park of Mouans-Sartoux has an articulated, asymmetrical body. The overlapping of its parallelepipedal volumes invites us to walk round it and view it from different angles, as if it were a colossal sculpture. The colour gives coherence to this object without fully imposing a rigid order on the free arrangement of its volumes. Without the colour it would break down into a multitude of facets; but in the luminous dress of the colour the right angles lose their brittleness. The intensity of the colour, which softens the contrasts of light, highlights the geometry in a different way. Whether camouflage, patina or monochrome disguise, like many elements of Gigon/Guyer architecture, the colour cannot be reduced to a simple purpose. Although the yellowish-green is omnipresent, its primary character and meaning remain indeterminate, fluctuating. The main attraction of Gigon/Guyer architecture is this fluctuation of the signifiers, this oscillation between several qualities, an indeterminacy despite the pragmatism.

In its natural environment the building that now houses the Donation Albers-Honegger is an artefact that does not immediately reveal its usage. Slotted into the earth, the bareness of this object makes it irregular and abstract. But the green monolith had to be adapted to its use. The architects had to manage the relationship between the stained concrete and the openings that pierce it. A slight modification differentiates the large windows of Mouans-Sartoux from ordinary windows. The aluminium frames are the same, but they simply have double glazing that is hung flush with the wall. These external glazed screens filter ultraviolet light and protect the blinds from the wind. But above all they have a graphic effect, flattening the openings and making them look like simple rectangles that punctuate the monochrome surfaces.

The building refuses to marry with the slope. To reach the inside you have to enter a sort of rectangular tube that, like a drawbridge, spans the difference in level between the park road and the building. This tube, which contains the reception area, looks like a growth on the main building – a theme that is varied several times on the other three façades. While the outside of the building looks artificial, independent, sculptural, its interior is set up in accordance with Gottfried Honegger's special instructions. This artist and collector wanted the building that was to house his collection to be distinct from the official and sterile museums that are often laid out on the gallery model, passageways for contemplation, internal streets with overhead lighting. Honegger prefers an interior that is like a private home rather than a public institution. The domestic framework of the rooms must reflect a principle dear to the heart of the donors: that the works are to be lived with.

similaire à celui d'une demeure privée. Le cadre domestique des lieux devrait refléter un principe auquel tiennent les donateurs: la vie intime avec les œuvres.

La présence de l'art dans le quotidien de son amateur participe à une idée, vieille d'un siècle, qui est celle de la réforme intégrale du cadre de vie. Ancrée dans la tradition des Arts and Crafts, cette idée reste active au sein du Werkbund allemand et fait son chemin à travers le Bauhaus jusqu'à Max Bill, auteur en 1936 du manifeste »Konkrete Gestaltung« et commissaire, en 1951, de l'exposition »Die gute Form«[9] qui réactive les rapports entre l'art et la création industrielle. Sensible à une vision globale de notre environnement matériel, Honegger souligne que pour lui, la distinction entre arts plastiques et arts appliqués n'aurait pas de sens, car »un art non appliqué ne servirait à rien. Il serait voué à l'insignifiance et à la disparition.«[10] Cela rappelle en effet la fameuse formule de Max Bill qui, dans son manifeste de 1936, caractérise les œuvres de l'art concret comme des »objets d'usage aux modes visuels ou spirituels«[11]. Le bon usage de l'art, appliqué aux situations du quotidien et impliqué dans les échanges entre habitants et visiteurs, tel est l'idéal qu'interprètent Annette Gigon et Mike Guyer, concepteurs d'une demeure contemporaine de l'art concret.

Au regard de son plan, l'édifice est organisé comme une tour. Il possède un noyau central, invariant sur tous les niveaux, où sont localisés les escaliers de secours et l'ascenseur. De part et d'autre de ce cœur, les étages sont décalés par demi-niveaux. Le tracé de notre visite prend donc la forme d'une spirale ascendante avec, comme paliers, les salles d'exposition. Cette disposition qui n'est pas très commune dans l'architecture des galeries d'art rappelle plutôt les rapports de voisinage au sein d'un immeuble locatif. D'un niveau à l'autre, d'une salle à l'autre, nous découvrons une multitude de pièces, différentes du point de vue des proportions et de l'éclairage. Selon l'exposition de chaque pièce, une lumière froide ou chaude pénètre par les baies vitrées de taille standard. Si, vues de l'extérieur, ces baies paraissaient relativement menues, elles ont l'air plutôt grandes en rapport avec les proportions des pièces. Les châssis coulissants en aluminium, employés communément pour donner accès aux terrasses, sont installés à environ 60 cm du sol. L'allège, surmontée d'une grande baie, produit un effet tout à fait étranger aux ambiances des lieux d'exposition institutionnels car les baies interfèrent avec la scénographie. Certains objets sont installés à contre-jour, d'autres rivalisent avec la belle vue sur le paysage proche ou lointain. Les ouvertures très larges donnent aux salles un étrange caractère domestique.

Les parties d'un tout

»L'importance de l'ordre augmente avec le nombre d'éléments d'une chose. En dernière conséquence, l'ordre occupe toute la place.«[12] (Donald Judd)

L'architecture de la donation Albers-Honegger est-elle concrète comme l'art qu'elle héberge? Y aurait-t-il un rapprochement entre le contenu et l'objet architectural le contenant? Pour répondre à cette question, un retour sur l'œuvre de Max Bill semble s'imposer car Bill fut le premier à aborder tout le champ de la »konkrete Gestaltung«. Si Max Bill, lui-même, sculpteur, peintre, designer et architecte n'a jamais revendiqué explicitement le terme »architecture concrète«, il étend néanmoins la notion de l'art concret, inventée par Doesburg, vers celle de la création concrète d'objets usuels produits en grande série. La tension entre une forme abstraite, idéale et sa matérialisation, caractéristique de l'art concret ne peut exister de la même façon dans le domaine de l'architecture, régi par des contraintes et des habitudes, par une industrie de bâtiment et des procédés de mise en œuvre. Comme l'a montré Hans Frei, cette extension du sens de »concret« implique une médiation entre le type et la forme individuelle, entre la forme globale et ses parties.[13]

À l'égard de son œuvre maîtresse, la Hochschule für Gestaltung achevée en 1955 sur le Kuhberg à Ulm, Max Bill rapporte: »Tout cela ne pouvait pas être moins cher, plus primitif; on était arrivé au niveau le plus bas. Le seul plaisir qui me restait en tant qu'architecte se rapporte à la disposition du complexe sur le terrain, l'harmonisation des fonctions à l'intérieur des parties de bâtiment, la construction avec son caractère systématique et primitif, puis le choix des matériaux, à la fois bon marché et solides qui se complétaient mutuellement avec leur facture naturelle pour dégager cette beauté puritaine que l'on a voulu ridiculiser.«[14]

La création concrète selon Max Bill ne recule pas devant la raideur des éléments préfabriqués, devant l'indigence des composants standards. La beauté puritaine qu'il souhaite rendre présente dans l'agencement des parties de l'école tient à l'affirmation d'une pauvreté plastique, une sorte de »barbarie volontaire« que Walter Benjamin prônait déjà en 1933: »Barbarie? En effet. Nous l'affirmons afin de renouveler la notion de barbarie qui rendrait une connotation positive. Où mène la pauvreté d'expérience du barbare? Elle l'emmène à recommencer, à retourner à la case de départ, à se contenter de peu, à construire obstinément avec le peu dont il dispose.«[15] Dans le cas de l'architecture de l'école d'Ulm, portée par l'espoir d'un renouveau après la barbarie nazie, la barbarie formelle, cette honnête indigence des moyens plastiques n'est pas simplement le reflet du budget très restreint. Le langage rude et factuel que Max Bill emploie à Ulm se veut étranger aux revendications stylistiques, aux idiolectes raffinés de ses prédécesseurs. Si les héros modernes tels que Wright, Mies et Le Corbusier élaborent trois décennies avant Bill des langages cohérents et modernes, ils aspirent à une rigueur grammaticale empreinte d'un certain classicisme où chaque détail trouve sa place dans une composition globale, tel un mot dans une phrase parfaitement construite. Max Bill abandonne ce modèle de perfection grammaticale en faveur d'une libre articulation de formes élémentaires. Il conçoit des ateliers, amphithéâtres, logements et la cantine comme de simples objets d'usage, déterminés en fonction des besoins respectifs et construits par l'assemblage de composants standardisés. Le franc-parler farouchement anti-lyrique de Max Bill se dresse délibérément contre l'académisme moderne et procède d'un morcellement de sa syntaxe en vue d'une libre constellation des rudiments du langage. L'agencement de Bill qui est respectueux de l'individualité de chaque élément, rappelle les constellations de la poésie concrète dont les mots et syllabes, matériaux bruts du langage, sont assemblés de façon à dégager un sens nouveau. Faisant appel aux arrangements typographiques, à la répétition, à la sonorité des mots, la poésie concrète démonte l'ordre grammatical et contourne le sens coutumier de lecture pour donner libre

5, 6. Kirchner Museum Davos, 1989–92. (Photos: Heinrich Helfenstein.)

cours aux accords et rythmes, aux multiples courts-circuits faisant surgir, telle une étincelle, une signification inattendue. La création concrète procède elle aussi d'un retour à l'état brut du langage, aux éléments les plus simples. Le créateur concret ne serait donc pas celui qui réinvente tous les détails et composants industriels qui existent autour de lui, mais celui qui reconnaît, en partie au moins, les contraintes de fabrication, les habitudes et les modes d'usage en vue d'un agencement nouveau.[16] En ce sens, Max Bill, créateur concret, ne prend pas la fuite devant la rationalité menaçante d'un monde moderne, désenchanté. Au contraire, il s'empare de la rationalité pour mieux la concilier avec ce qu'il appelle la »beauté puritaine«. L'architecture de Bill reste tributaire d'une optimisation des formes aptes à répondre avec précision aux problèmes fonctionnels. Elle reste attachée à l'importance de l'objectivité, à la transparence de ses choix que Bill voulait rationnels. La subjectivité du créateur se retrouve donc reléguée au plan du montage. C'est la raison pour laquelle l'architecture concrète expose clairement ce dont elle est faite. Exempte de toute rhétorique, elle nous fait découvrir la constellation surprenante d'éléments bruts et factuels.

Une folie architecturale

L'influence de l'œuvre de Max Bill sur la scène artistique et architecturale de la Suisse alémanique est de taille et l'histoire de sa réception mériterait d'être écrite. Si depuis Bill, les architectes suisses ont connu d'autres maîtres à penser dont Aldo Rossi, enseignant à la ETH Zurich de 1972 à1976, la quête d'une certaine rationalité reste active tout au long des décennies qui, ailleurs dans le monde, portent les marques du postmodernisme. À l'égard des investigations de sa génération, accédant aux premières commandes au début des années 1980, l'architecte zurichois Marcel Meili écrit que »la retenue stylistique, pour ne pas parler d'ascèse, reste très importante dans de nombreux projets. Or le rigorisme linguistique seul ne donne pas la clef aux procédés de conception. Il subsiste finalement un moralisme de la forme, lieu de rencontre entre une aversion contre le luxe et l'originalité d'une part et la fascination pour une certaine franchise. … Malgré tant de différences, on trouve chez de nombreux jeunes architectes un réflexe qui vise à isoler ›l'essentiel‹ d'une commande pour ensuite le reconfigurer. À la recherche de meilleures conditions pour l'accrochage des tableaux de Kirchner, Gigon/Guyer, se retrouvent, soutenus par Zaugg, avec les salles des musées du XIXe siècle dont ils construisent un agrégat qui anéantit les hiérarchies initiales en vue d'un équilibre quasiment parfait entre les espaces et les circulations.«[17]

Le Musée Kirchner qui s'achève à Davos en 1992 recycle et condense les images d'une architecture anonyme qui est celle des lieux de travail de la petite industrie suisse. Avec la libre répartition de ses volumes autour d'une zone médiane, le musée n'affiche aucun caractère particulier. Son enveloppe de verre couvrant indifféremment les volumes aux angles droits renforce encore le sentiment de neutralité. Avec son registre très limité de matériaux employés, l'architecture du Musée Kirchner se situe effectivement loin de toute recherche d'originalité. Délicate distribution des pleins et des vides, elle exalte les nuances de gris des matériaux ordinaires. Similaire à la démarche de Bill à Ulm, Gigon/Guyer procèdent, dans le cas du Musée Kirchner, par un montage de boîtes anonymes, assemblées de matériaux anodins. Ces objets non signés, simplement »trouvés« sur les champs de la banalité, n'acquièrent une certaine particularité que par leur constellation très recherchée ; par la noblesse du vide qu'ils cernent.

À Mouans-Sartoux, Gigon/Guyer semblent s'éloigner des principes de la création concrète définie par Max Bill. L'objet sculptural qui abrite la donation Albers-Honegger paraît abstrait et certains allaient même jusqu'à l'interpréter comme l'abstraction d'un arbre. Arbre géométrique[18] ou non, l'objet énigmatique peint en vert jaune nous cache ce à quoi il est destiné. Il ne s'agit plus d'un montage inventif d'objets trouvés, d'une constellation de faits architecturaux, d'un sens commun refor-

7. Sammlung Oskar Reinhart »Am Römerholz«, Winterthur, 1993–98. (Photo: Arazebra, Helbling + Kupferschmid.)
8, 9. Kunstmuseum Winterthur, 1993–95. (Photos: Heinrich Helfenstein.)

p. 16
10. Gottfried Honegger, Pavillon de musique, Espace de l'Art Concret, Mouans-Sartoux, 2004/05.

The presence of art in an art lover's daily life is part of the century-old idea for completely reforming the setting of life. Grounded in the Arts and Crafts tradition, this idea, central to the German Werkbund, passed via the Bauhaus to Max Bill, who in 1936 wrote the manifesto »Konkrete Gestaltung« and in 1951 curated the exhibition »Die gute Form«[9], which reactivated the relationships between art and industrial production. Honegger takes an overall view of our material environment and emphasises that for him the distinction between fine arts and applied arts has no meaning, because »an unapplied art would have no purpose and would be bound to be insignificant and disappear«.[10] This recalls the well-known expression of Max Bill, who in his 1936 manifesto characterises works of concrete art as »objects of use for visual and spiritual purposes«.[11] The proper use of art, applied to daily situations and implied in the exchanges between inhabitants and visitors, is the ideal interpreted by Annette Gigon and Mike Guyer, who designed a contemporary home for concrete art.

The building is essentially a tower. The core, which is identical on all levels, houses the emergency stairs and the lift. On each side of this core the floors are off-set by half a storey; so the visitor follows an ascending spiral with the exhibition rooms as landings. This layout, which is unusual in art-gallery architecture, is reminiscent of the neighbourly relationships of an apartment building. As we move through the house, we find a multitude of rooms that differ in their proportions and lighting. Depending on the orientation of each room, a cold or warm light enters through the standard-size windows. Although these windows appear quite small from the outside, they are fairly large in relation to the proportions of the rooms. The aluminium sliding frames, usually used for access to terraces, are installed about 60 cm above the floor level. The window breast, surmounted by a large window, has a quite different effect from that usually found in institutional exhibition spaces, where the windows interrupt views of the outside scenery. Some objects are back-lit, others compete with the views of the near or distant landscape. The very wide openings give the rooms an oddly domestic feeling.

Parts of a whole

»The importance of order increases with the number of elements of a thing. In the final count, order occupies the whole.«[12] Donald Judd

Is the architecture of the Donation Albers-Honegger as concrete as the art it houses? Is there a connection between the content and the architecture that contains it? To answer the question we have to return to Max Bill, because Bill was the first to tackle the whole field of »concrete design«. Although Bill, himself a sculptor, painter, designer and architect, never explicitly used the expression »concrete architecture«, he nevertheless extended the idea of concrete art, invented by Doesburg, to the concrete creation of serially-produced everyday objects. Whereas the tension between an abstract and ideal form and its realisation is characteristic of concrete art, this tension cannot exist in the same way in the domain of architecture, which is governed by constraints and habits, by a building industry and building procedures. As Hans Frei has shown, this extension of the meaning of »concrete« implies a compromise between the type and the individual form, between the overall form and its parts.[13]

Speaking of his masterpiece, the Hochschule für Gestaltung, built in 1955 on the Kuhberg in Ulm, Max Bill said: »All this could not have been cheaper, more basic; we reduced costs to the lowest possible level. The only pleasure left to me as the architect was to locate the complex on its terrain, to harmonise functions inside different parts of the building, to build systematically and basically, and then choose cheap and strong materials, mutually compatible in their natural production – all in order to achieve this austere beauty that people have though fit to ridicule.«[14]

In Max Bill's view, concrete creation does not jib at the inflexibility of prefabricated elements and the poverty of standard components. The austere beauty he wanted to create in the layout of the parts of the school actually confirms an artistic poverty, the kind of »deliberate barbarism« already advocated by Walter Benjamin in 1933: »Barbarism? Yes. We say so to restore to the idea of barbarism a positive connotation. Where does the poverty of barbarian experience lead? It leads to a new start, the point of departure, to satisfaction with little, to building perseveringly with what little is available.«[15] In the case of the architecture of the Ulm school, built in the hope of renewal after the Nazi barbarism, the barbarism of form, an honest shortage of plastic means, is not simply the result of a limited budget. The rough and down-to-earth language that Max Bill uses in Ulm challenges the stylistic claims, the refined ideolects of his predecessors. Although modern heroes such as Wright, Mies and Le Corbusier developed coherent modern languages thirty years before Bill, they strove for a grammatical rigour that carried with it a certain classicism, in which each detail has its place in the overall composition, like a word in a perfectly constructed sentence. Max Bill abandoned this model of grammatical perfection in favour of a free articulation of basic forms. He designed the workshops, lecture rooms, accommodation and canteen as simple objects for use, suited to their respective needs and built by assembling standard components. Max Bill's fiercely anti-lyrical plain-speaking takes a deliberate stand against modern academicism and proceeds from a breaking down of syntax that allows for a free juxtaposition of the rudiments of the language. Bill's ordering of the elements, which respects the individuality of each, recalls the juxtapositions of concrete poetry, in which words and syllables, the raw materials of language, are reassembled so as to give rise to a new meaning. Drawing on typographical arrangements, repetition and the sound of words, concrete poetry dismantles the grammatical order and modifies the usual meaning of reading in order to give free rein to chords and rhythms, the multiple short-circuits that spark off an unexpected meaning. Concrete creation equally returns to the raw material of the language, the simplest elements. The concrete builder is thus not someone who reinvents all the details of the industrial component available, but who recognises the constraints of the manufactured product, its ordinary use and purpose, in order to use it in a new way.[16] In this sense, Max Bill the concrete builder does not take flight in the face of the threatening rationality of a modern, disillusioned world. On the contrary, he seizes the rationality so as to reconcile it with what he called »austere beauty«. Bill's architecture is dependent on making the best use of forms that answer most precisely to functional

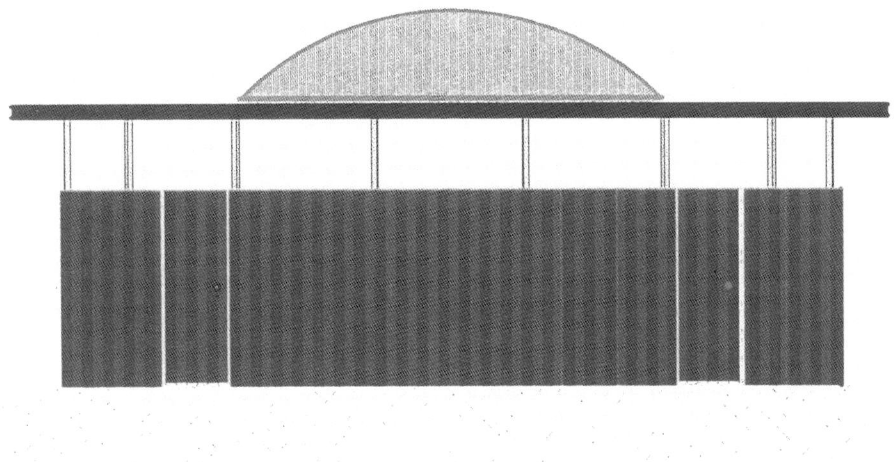

mulé, mais bien d'un objet monolithique tout à fait singulier. Certes, Annette Gigon et Mike Guyer se gardent bien de confondre leur travail avec celui des artistes. Leurs interventions, disent-ils, transforment la terre et doivent y prendre racine.[19] Ils avancent encadrés par une commande précise et dans un lieu donné. Il n'empêche que de Davos à Mouans-Sartoux, l'attitude de Gigon/Guyer change de cap. Si l'architecture du Musée Kirchner, agencement laconique de volumes anonymes, témoigne d'une négociation avec la tradition typologique des musées, le corps sculptural dans le parc de Mouans-Sartoux est une figure de l'esprit, sans précédent, nous confrontant avec l'audace de ceux qui l'imaginent avant de la signer, telle une œuvre unique. Sa forme encombrante qui se garde de confirmer les habitudes visuelles des riverains et les codes restreints des conservateurs du patrimoine avait d'ailleurs provoqué quelques détonations dans la politique communale. André Aschieri, maire depuis 1974, nous confiait: »La population ne m'a pas encore pardonné ce projet vert fluo de 9 niveaux de hauteur.«[20] Il devait défendre les architectes contre ceux qui les accusaient de »nihilisme esthétique«. Si une telle violence verbale paraît déplacée, elle indique pourtant un problème bien réel. De nos jours, l'objet architectural semble perdre son rôle de médiateur. Il est peu probable qu'il puisse enjamber le fossé qui se creuse entre la tradition locale et l'esprit novateur; entre le sens commun et l'invention singulière. Les objets audacieux qui procurent une certaine reconnaissance à nos architectes auteurs sont érigés telles des folies dans un parc romantique.

Le parc

L'Espace de l'Art Concret dont le rayonnement dépasse d'ores et déjà les limites de la région, demeure matériellement délimité par les grilles du parc de Mouans-Sartoux. Le parc, toile de fond des actions artistiques et pédagogiques, terrain d'accueil d'objets anciens et nouveaux, joue un rôle majeur dans la conception de l'ensemble. Un paysagiste de renom, Gilles Clément, fut alors chargé du réaménagement du parc. Il s'est donné pour but d'accentuer les différences déjà existantes sur ce terrain de trois hectares autour du château. Clément répertorie deux entités paysagères de taille égale qu'il dénomme: le bois des transparences et la clairière des jardins. Tandis que la partie boisée, occupant les versants au nord et à l'ouest, est majoritairement peuplée de chênes verts, les jardins se trouvent sur la partie plane du parc, face aux trois côtés du château. On y rencontre des sujets adultes d'arbres feuillus et des surfaces engazonnées en terrasses. Pour ce qui est de la masse homogène et opaque de la partie boisée et quelque peu sauvage, Clément compte y créer des clairières, d'installer des sièges et de travailler les bordures du bois pour leur donner une qualité de lisière. Sur la partie jardin, les interventions restent également discrètes; l'introduction d'eau se profile comme primordial. Les aménagements paysagers n'étant pas encore mis en œuvre, il nous reste de spéculer sur le choix de ce parti pris ou plutôt sur le choix du paysagiste. À l'ouverture du parc André Citroën en 1992, Gilles Clément avait connu un franc succès avec son Jardin en Mouvement,[21] une sorte de prairie herbacée où se côtoient des graminées banales et des fleurs cultivées. Le paysagiste instruisait les jardiniers sur la manière de faire, de temps à autre, des entailles dans la masse végétale pour frayer des chemins aux visiteurs. Pour la mise en mouvement de son jardin à géométrie très variable, Clément avait conclu un pacte avec le hasard ce qui est une révolution dans un pays où l'on aime tailler les arbres en pyramides. Donnant libre cours aux rythmes différés de croissances et à la coexistence de toutes sortes d'espèces, Clément caresse l'allusion à une beauté naturelle qui nous fait oublier la main de l'homme, cultivateur des plantes et aménageur des parcs. De toute évidence, la beauté naturelle ne doit pas faire défaut dans l'Espace de l'Art Concret. Mais si sa présence est indispensable, ce n'est pas en vue d'une reproduction artistique de ses splendeurs phénoménales. En art concret, l'enseignement de la nature est autre: D'après Arp, elle nous incite à »produire comme une plante qui produit un fruit ...«

[1] Jean Arp, *Jours effeuillés*, Gallimard, Paris, 1966 (réédition 2000).

[2] Théo van Doesburg avec Carlsund, Hélion, Tutundjian, Wantz, »Base de la peinture concrète«, paru dans le seul numéro de la revue *art concret* en avril 1930.

[3] Donald Judd, »Kunst und Architektur«, in: Gregor Stemmrich (ed.), *Minimal Art*, Verlag der Kunst, Dresden, 1998, pp. 75 sq. Il s'agit d'une réédition de la conférence »Art and Architecture« donnée à l'Université de Yale le 20 septembre 1983.

[4] La phrase est de Frank Stella qui répond à Bruce Glaser dans une interview: »Si la peinture était assez incisive, assez précise, assez exacte, il vous suffirait simplement de la regarder. La seule chose qui je souhaite que l'on tire de mes peintures et que j'en tire pour ma part, est que l'on puisse voir le tout sans confusion. Tout ce qui est à voir est ce que vous voyez«. In: Gregor Stemmrich (ed.), op. cit., p. 47. Voir aussi l'interprétation de Georges Didi-Huberman, *Ce que nous voyons, ce qui nous regarde*, Edition de Minuit, Paris, 1992, p. 27.

[5] Niklas Luhmann, *Die Kunst der Gesellschaft*, Suhrkamp, Frankfurt am Main, 1997, pp. 13 sq., et Heinz von Foerster, »Wahrnehmen wahrnehmen«, in: *Aisthesis*, Reclam, Leipzig, 1990, pp. 434 sq.

[6] Pour plus de détails voir aussi: Torsten Klemm, »Konkrete Kunst – Selbstmissverständnisse und Konzeption«, conférence donnée à la galerie Erata le 14 mars 2003.

[7] Interview de Gottfried Honegger par Dominique Boudou in: *Pour un art concret*, isthme éditions, 2004, p. 34.

[8] Friedrich Schiller, *Über die ästhetische Erziehung des Menschen*, Reclam, Stuttgart, 2000, p. 90.

[9] Voir aussi:»Max Bill, Architect«, *2G* (Barcelona), nº 29/30, 2004.

[10] Gottfried Honegger, conférence de presse à Mouans-Sartoux, le 23 avril 2004.

[11] Max Bill, »Konkrete Gestaltung«, manifeste rédigé initialement pour l'exposition »Zeitprobleme in der Schweizer Malerei und Plastik« dans le Kunsthaus Zürich, juin 1936.

[12] Bruce Glaser, »Fragen an Stella und Judd«, in: Gregor Stemmrich, op. cit., p. 44.

[13] Hans Frei, *Konkrete Architektur? Über Max Bill als Architekt*, Verlag Lars Müller, Baden, 1991, pp. 168 sq.

[14] Max Bill, *Vom Bauhaus bis Ulm*, 1976, pp. 18/19.

[15] Walter Benjamin, »Erfahrung und Armut«, in: *Gesammelte Schriften*, Suhrkamp Verlag, Frankfurt am Main, 1980, pp. 213 sq. L'article était paru pour la première fois le 7 décembre 1933 à Prague dans la revue *Die Welt im Wort*.

[16] Voir à ce sujet l'analyse que fait Hans Frei de la maison à Bremgarten construit par Bill en 1942 in: H. Frei, op. cit., pp. 226 sq.

[17] Marcel Meili in: Peter Disch (ed.), *Architektur in der deutschen Schweiz*, Verlag ADV, Lugano, 1991, pp. 25 sq.

[18] C'est le terme qu'emploie F. Barré, »Lumière du corps«, in: *Pour un art concret*, isthme éditions, 2004.

[19] »Normality and Irritation – a paradox. A conversation with Annette Gigon and Mike Guyer, Hubertus Adam et Wilfried Wang«, *El Croquis* (Madrid), 2000, pp. 15 sq.

[20] André Aschieri dans une interview avec J. Montfort, *AMC*, nº 148, déc. 2004.

[21] Gilles Clément, *Le Jardin en Mouvement*, Sens et Tonka, Paris, 1994.

problems. It has an objectivity and the choices that Bill calls rational are transparent. The subjectivity of the creator is thus relegated to the erection drawing. This is why concrete architecture displays clearly what it is made of. Free of all rhetoric, it brings to our attention a surprising juxtaposition of raw and factual elements.

An architectural folly

The influence of Max Bill on the artistic scene and the architecture of German-speaking Switzerland was considerable and its history should be written. Although, since Bill, Swiss architects have included other masters, such as Aldo Rossi, who taught at the ETH in Zurich from 1972 to 1976, the search for a certain rationality has persisted over the decades that, elsewhere in the world, have been marked by Post-Modernism. In connection with the explorations of his generation gaining first commissions in the early 1980s, the Zurich artist Marcel Meili wrote: »Stylistic restraint, not to call it asceticism, is considerable in many projects. But linguistic rigour is not the key to design procedures. It rests finally on a morality of form, the point where an aversion against luxury and originality and fascination with a certain honesty meet ... In spite of differences, many young architects automatically isolate the ›essential‹ of a commission and then reshape it. In searching for the best conditions for hanging Kirchner's paintings, Gigon/Guyer end up, supported by Zaugg, with 19th-century museum rooms of which they build a whole that destroys earlier hierarchies in favour of an almost perfect balance between spaces and traffic.«[17] The Kirchner Museum in Davos, finished in 1992, recycles and condenses the images of an anonymous architecture that belongs to the work places of Swiss light industry. With its free spread of volumes around a median area, the museum has no special character. Its glass envelope, covering indiscriminately the volumes placed at right angles, reinforces further the feeling of neutrality, and the very limited range of materials employed puts the Kirchner Museum at a far remove from any search for originality. A delicate distribution of solids and spaces, it emphasises the nuanced greys of ordinary materials. Similarly to Bill in Ulm, in the Kirchner Museum Gigon/Guyer assemble anonymous boxes made of commonplace materials. These unsigned objects, »found« from the everyday world, only acquire a special character from their studied juxtaposition, from the nobility of the space they surround.

In Mouans-Sartoux Gigon/Guyer seem to have moved away from the principles of concrete design as enounced by Max Bill. The sculptural object that houses the Donation Albers-Honegger seems to be abstract, and some people even interpret it as an abstract tree. Whether it is a geometric tree[18] or not, the enigmatic object painted yellowish-green hides its purpose. It is not an inventive assembly of found objects, a juxtaposition of architectural features, a reformulation of common meanings, but a quite individual monolithic object. Of course, Annette Gigon and Mike Guyon are very careful not to confuse their work with that of the artists. They say that what they have done transforms the terrain and must take root in it.[19] They moved forward with a precise commission for a given place. At any rate between Davos and Mouans-Sartoux the attitude of Gigon/Guyer did change course. While the architecture of the Kirchner Museum, a laconic arrangement of anonymous volumes, evidences a negotiation with the traditional museum typology, the sculptural body in the park of Mouans-Sartoux is an unprecedented creation of the mind, confronting us with the boldness of those who imagined it before signing it as a unique work. Its bulky form, which does not fit with the visual habits of its neighbours and the narrow codes of the inheritance lobby, had, moreover, caused some political blow-ups in the community. André Aschieri, the mayor since 1974, says: »The local people have never forgiven me for this fluorescent green project 9 storeys high.«[20] He had to defend the architects against accusations of »aesthetic nihilism«. Such verbal violence may seem out of order, but, nevertheless, it does indicate a real problem. Today, the architectural object seems to have lost its role as a mediator. It is unlikely it can span the gulf between local tradition and the spirit of innovation; between common sense and individual invention. The bold objects that gain for our architects a certain recognition are no more than follies when built in a romantic park.

The park

The Espace de l'Art Concret, already known well beyond the region, is physically marked out by the railings of the park of Mouans-Sartoux. The park, a background to the artistic undertakings and the teaching, and an area for the siting of ancient and new objects, plays a major role in the overall design. A well-known landscape architect, Gilles Clément, was commissioned to replan the park. He chose to accentuate the already existing differences in the three-hectare area surrounding the château. Clément picked out two landscape elements of equal size that he called the wood of transparencies and the garden clearings. The wooded areas, occupying the north and west slopes, are mainly planted with evergreen oak trees, whereas the gardens on the flat part of the park facing the three sides of the château have leafy mature trees and terraced lawns. In the homogeneous, opaque and rather wild wooded area, Clément intends to create clearings, install seating and work the edges of the wood into a border. Work on the garden will be equally discreet and will importantly involve the introduction of water. The landscaping plans have not yet been carried out, so we can only speculate on the choices made, or, rather, on the choice of landscape architect. When the André Citroën garden was opened in 1992, Gilles Clément had a great success with his Garden in Movement,[21] a sort of herbaceous meadow in which common grasses and cultivated flowers flourished side-by-side. He instructed the gardeners how to cut, now and again, pathways in the vegetation for visitors. The movement in this garden of very varied geometrical patterns resulted from making an agreement with chance – a revolution in a country where people like to shape their trees into pyramids. Giving free rein to different rates of growth and the co-existence of a large variety of species, he made allusion to a natural beauty that makes us forget the hand of man, the cultivator of plants and planner of parks. Clearly, natural beauty must have a place in the Espace de l'Art Concret, but although its presence is indispensable, it is not a question of reproducing its splendours. In concrete art what nature teaches us is something different. According to Arp, it encourages us to »produce as a plant produces fruit ...«

1 Jean Arp, *Jours effeuillés*, Gallimard, Paris, 1966 (reprint 2000).
2 Theo van Doesburg, with Carlsund, Hélion, Tutunjian, Wantz, »Base de la peinture concrète«, printed in the single issue of the review *Art Concret* in April 1930.
3 Donald Judd, »Kunst und Architektur« in: Gregor Stemmrich (ed.), *Minimal Art*, Verlag der Kunst, Dresden, 1998, pp. 75 ff. This is a reprint of the lecture »Art and Architecture« given at Yale University on 20 September 1983.
4 The expression comes from Frank Stella replying in an interview with Bruce Glaser: »If the painting is incisive enough, precise enough, exact enough, it should be sufficient just to look at it. The only thing that I want people to take from my paintings, and what I take from them, is that the whole can be seen without confusion. What you see is all there is to be seen.« In: Gregor Stemmrich (ed.), op. cit., p. 47. See also the interpretation by Georges Didi-Huberman, *Ce que nous voyons, ce qui nous regarde*, Editions de Minuit, Paris, 1992, p. 27.
5 Niklas Luhmann, *Die Kunst der Gesellschaft*, Suhrkamp, Frankfurt am Main, 1997, pp. 13. ff., and Heinz von Foerster, »Wahmehmen wahrnehmen«, in: *Aisthesis*, Reclam, Leipzig, 1990, pp. 434 ff.
6 For more details see also: Torsten Klemm, »Konkrete Kunst – Selbstmissverständnisse und Konzeption«, lecture given at the Galerie Erata on 14 March 2003.
7 Interview with Gottfried Honegger by Dominique Boudou in: *Pour un art concret*, isthme éditions, 2004, p. 34.
8 Friederich Schiller, *Über die ästhetische Erziehung des Menschen*, Reclam, Stuttgart, 2000, p. 90.
9 See also: »Max Bill«, *2G* (Barcelona), no. 29/30, 2004.
10 Gottfried Honegger, press conference in Mouans-Sartoux, 23 April 2004.
11 Max Bill, »Konkrete Gestaltung«, manifesto drawn up initially for the exhibition »Zeitprobleme in der Schweizer Malerei und Plastik« in the Kunsthaus, Zurich, June 1936.
12 Bruce Glaser, »Fragen an Stella und Judd«, in: Gregor Stemmrich, op. cit., p. 44.
13 Hans Frei, *Konkrete Architektur? Über Max Bill als Architekt*, Verlag Lars Müller, Baden, 1991, pp.168 ff.
14 Max Bill, *Vom Bauhaus bis Ulm*, 1976, pp. 18/19.
15 Walter Benjamin, »Erfahrung und Armut«, in: *Gesammelte Schriften*, Suhrkamp Verlag, Frankfurt am Main, 1980, pp. 213 ff. The article appeared for the first time on 7 December 1933 in Prague in the review *Die Welt im Wort*.
16 On this subject see Hans Frei's analysis of the house built in Bremgarten by Bill in 1942, in: H. Frei, op. cit., pp. 226 ff.
17 Marcel Meili in: Peter Disch (ed.), *Architektur in der deutschen Schweiz*, Verlag ADV, Lugano, 1991, pp. 25 ff.
18 The word used by F. Barré, »Lumière du corps«, in: *Pour un art concret*, isthme editions, 2004.
19 »Normality and irritation – a paradox«. A conversation with Annette Gigon and Mike Guyer, Hubertus Adam and Wilfried Wang«, *El Croquis* (Madrid), 2000, pp. 15 ff.
20 André Aschieri in an interview with J. Montfort, *AMC*, no. 148, December 2004.
21 Gilles Clément, *Le Jardin en Movement*, Sens et Tonka, Paris, 1994.

1. Vue générale de Mouans-Sartoux du nord avec la Donation Albers-Honegger dans le parc du Château de Mouans.

1. General view of Mouans-Sartoux from the north with the Donation Albers-Honegger in the park of the Château de Mouans.

2. Plan de situation. Légende: 1 château, 2 Donation Albers-Honegger, 3 Ateliers pédagogiques, 4 Pavillon de musique, 5 Préau des enfants.
3. Vue aérienne de l'ensemble. (Photo: MRW Méditerranée.)

2. Site plan. Key: 1 château, 2 Donation Albers-Honegger, 3 Ateliers pédagogiques, 4 Pavillon de musique, 5 Préau des enfants.
3. Aerial view of the site. (Photo: MRW Méditerranée.)

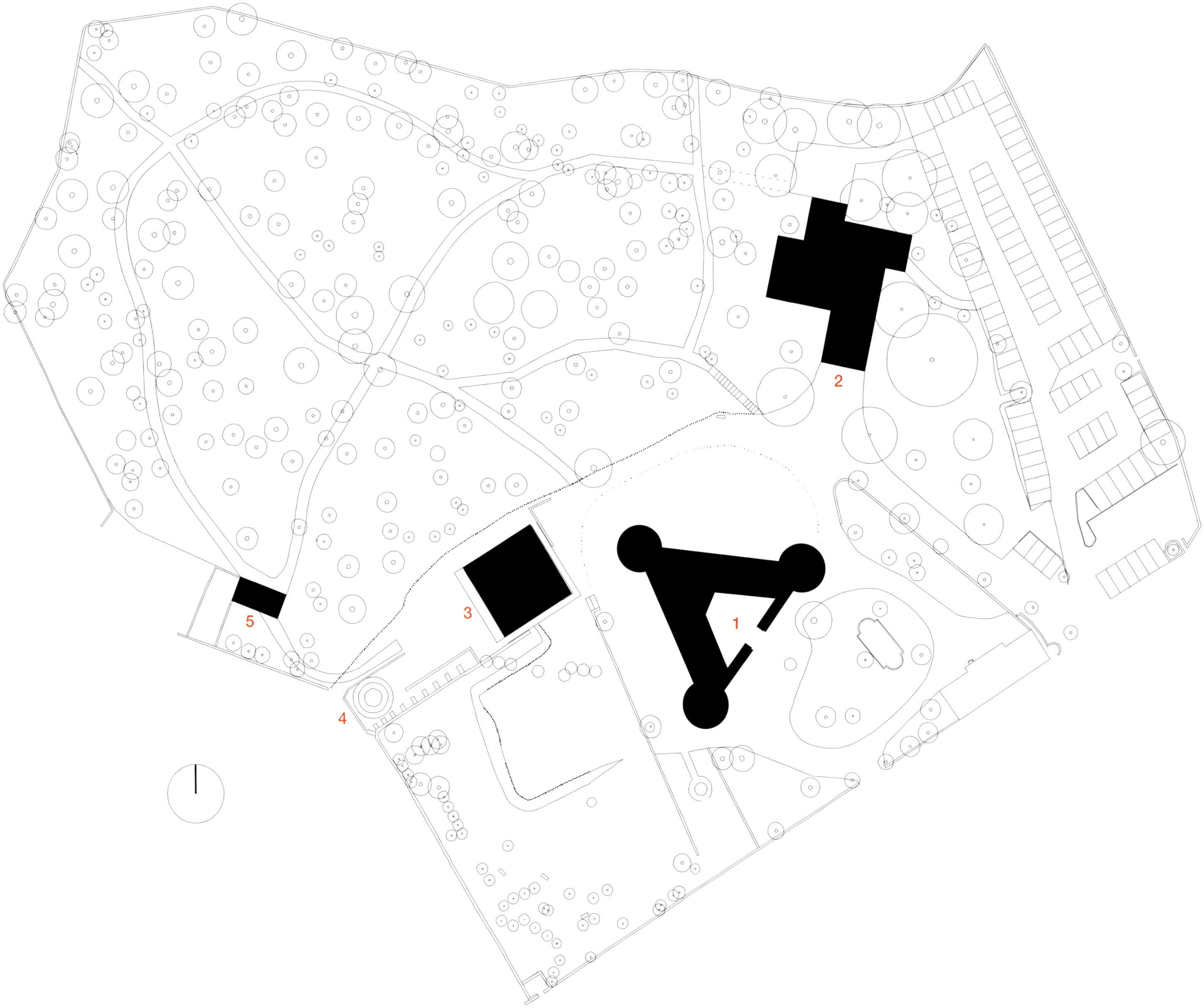

4. Vue du château de l'est. (Photo: André Morin.)
5. View aérienne du château du nord-ouest. (Photo: MRW Méditerranée.)
6. Accès principal du château avec une œuvre de Ulrich Rückriem. (Photo: Jean Brasille.)

4. View of the château from the east. (Photo: André Morin.)
5. Aerial view of the château from the north-west. (Photo: MRW Méditerranée.)
6. Main access to the château with a work by Ulrich Rückriem. (Photo: Jean Brasille.)

7. Intérieur du château. »à fur et à mesure«, 2001/2002, avec des œuvres de Claude Rutault, Robert Barry et Peter Downsbroug. (Photo: André Morin.)
8. Intérieur du château. »15 variations sur un même thème, de Max Bill à John Cage«, 2002, avec des œuvres de Max Bill. (Photo: André Morin.)

7. Interior of the château. »à fur et à mesure«, 2001/2002, with works by Claude Rutault, Robert Barry and Peter Downsbroug. (Photo: André Morin.)
8. Interior of the château. »15 variations sur un même thème, de Max Bill à John Cage«, 2002, with works by Max Bill. (Photo: André Morin.)

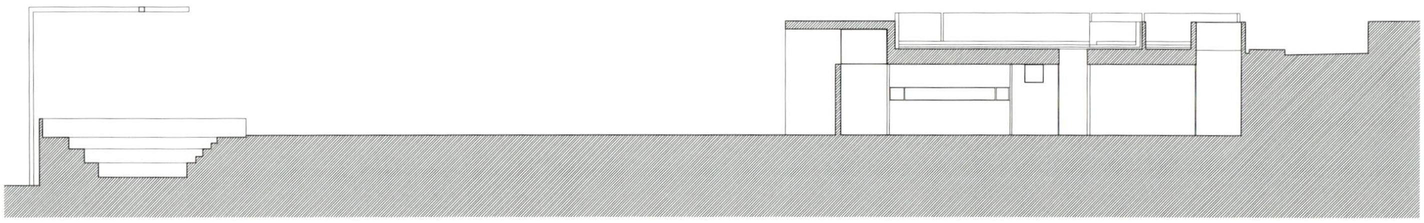

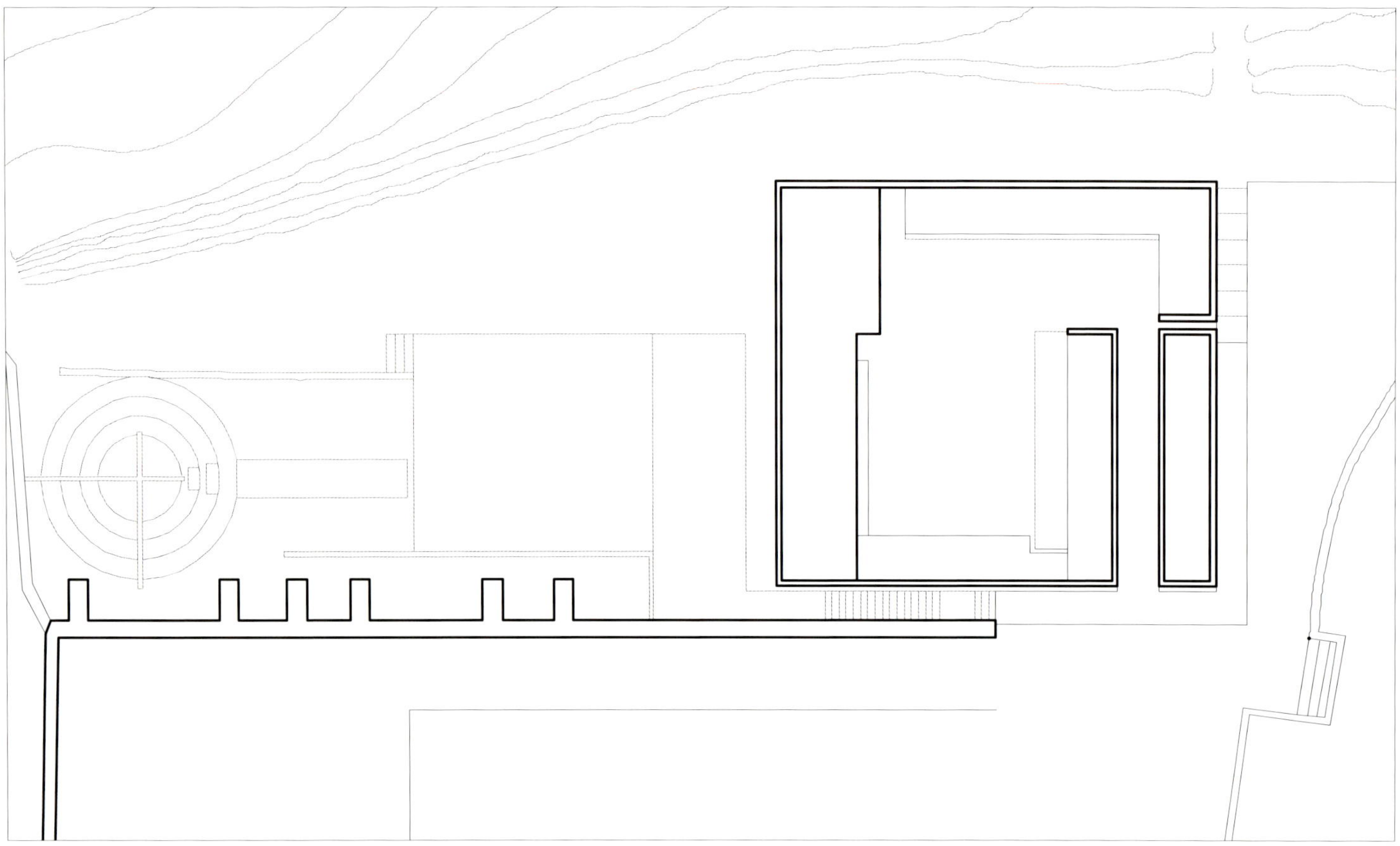

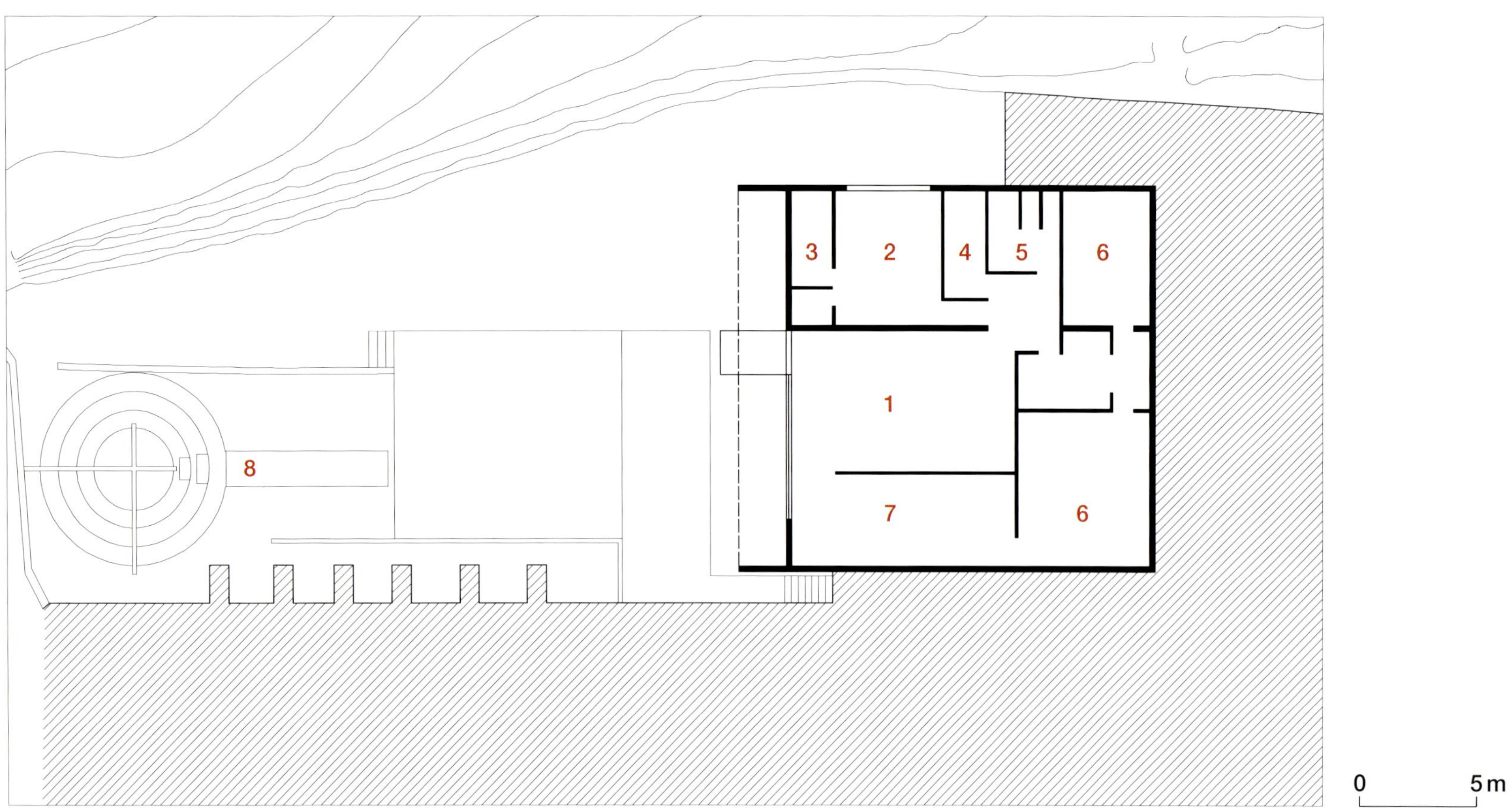

9–11. Ateliers pédagogiques. Plans (rez-de-chaussée, toiture-terrasse) et coupe. Légende: 1 atelier, 2 studio infographie, 3 studio son, 4 vestiaire, 5 WC, 6 atelier peinture, 7 bibliothèque, 8 espace scenique (Pavillon de musique).
12. Vue des Ateliers pédagogiques du sud-est.
13. Vue des Ateliers pédagogiques du nord-est.

9–11. Ateliers pédagogiques. Floor plans (ground floor, roof terrace) and section. Key: 1 atelier, 2 digital-graphics studio, 3 sound studio, 4 dressing room, 5 WC, 6 painting atelier, 7 library, 8 scenic space (Pavillon de musique).
12. View of the Ateliers pédagogiques from the south-east.
13. View of the Ateliers pédagogiques from the north-east.

14. Vue de la toiture-terrasse des Ateliers pédago-giques vers le château.
15. Vue rapprochée du côté sud-ouest des Ateliers pédagogiques.

14. View from the roof terrace of the Ateliers pédago-giques towards the château.
15. Detailed view of the south-west side of the Ateliers pédagogiques.

16. Vue des Ateliers pédagogiques du sud-ouest.
17. L'intérieur des Ateliers pédagogiques en direction sud-ouest.

16. View of the Ateliers pédagogiques from the south-west.
17. The interior of the Ateliers pédagogiques looking south-west.

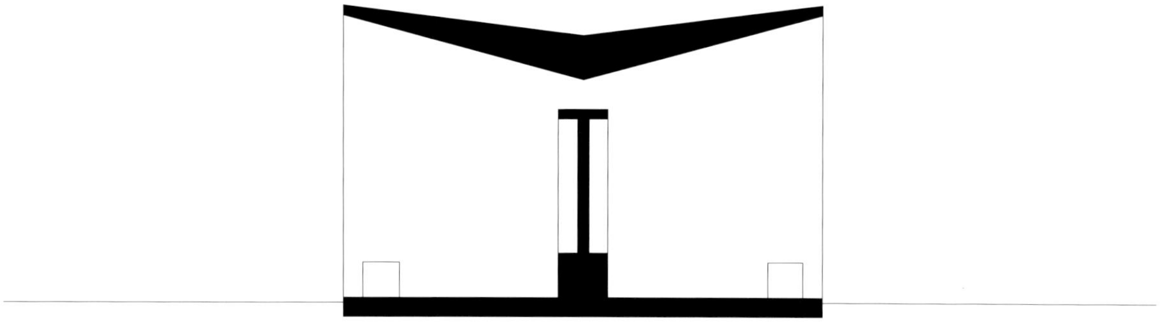

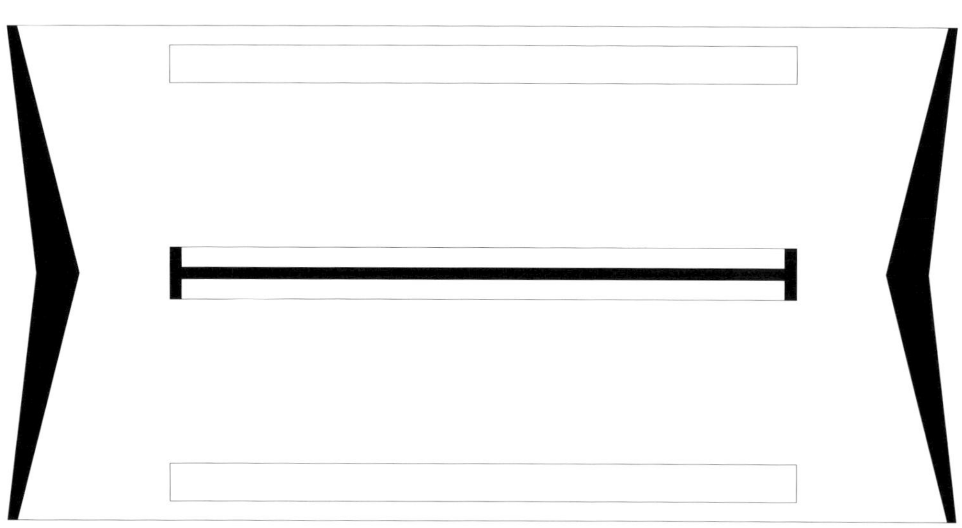

18–21. Préau des enfants. Plan, élévations et coupe.
22. Vue rapprochée du coin nord-ouest du Préau des enfants.

18–21. Préau des enfants. Floor plan, elevations and section.
22. Detailed view of the north-west end of the Préau des enfants.

on nous apprend à parler
on nous apprend à marcher
on nous apprend
à lire et à écrire.
on ne nous apprend pas
à regarder.

23–25. Vues du Préau des enfants.

23–25. Views of the Préau des enfants.

le préau
dédié à l'art des enfants
le préau
témoigne de l'enfant créatif
le préau
incite à la réflexion
peindre
donne des visions.

26–31. Donation Albers-Honegger. Plans (niveaux 0–5). Légende: 1 salle d'entrée, 2 espace d'exposition, 3 bureau, bibliothèque, 4 dépôt et installations techniques, 5 salle de conférence.

26–31. Donation Albers-Honegger. Floor plans (levels 0–5). Key: 1 entrance hall, 2 exhibition space, 3 office, library, 4 storage and technical equipment, 5 conference room.

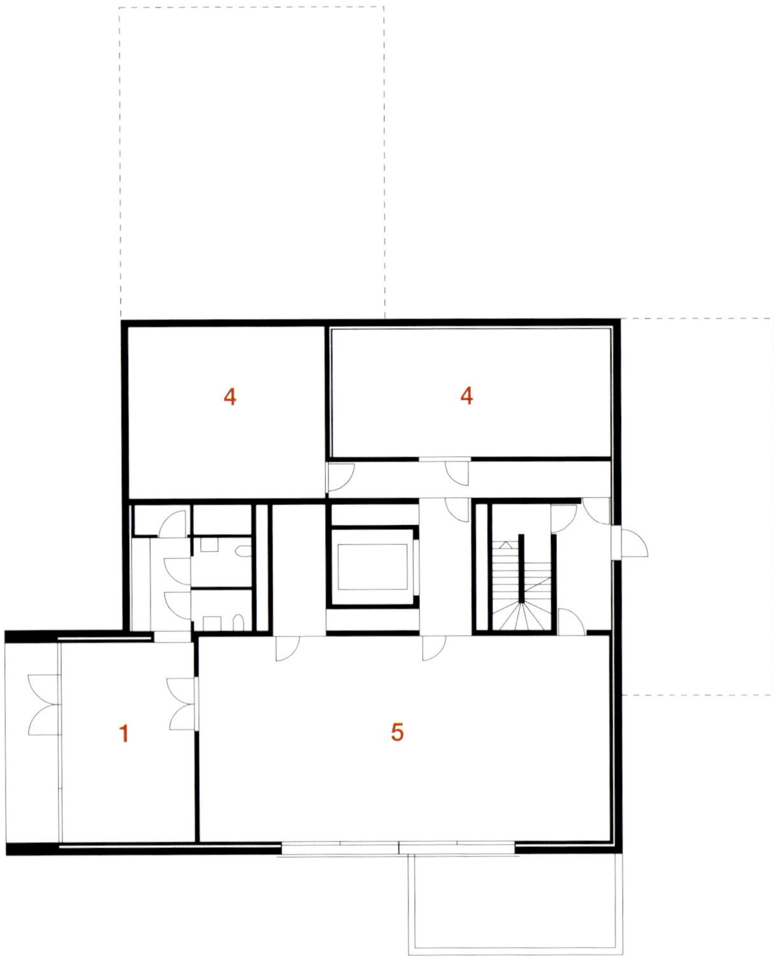

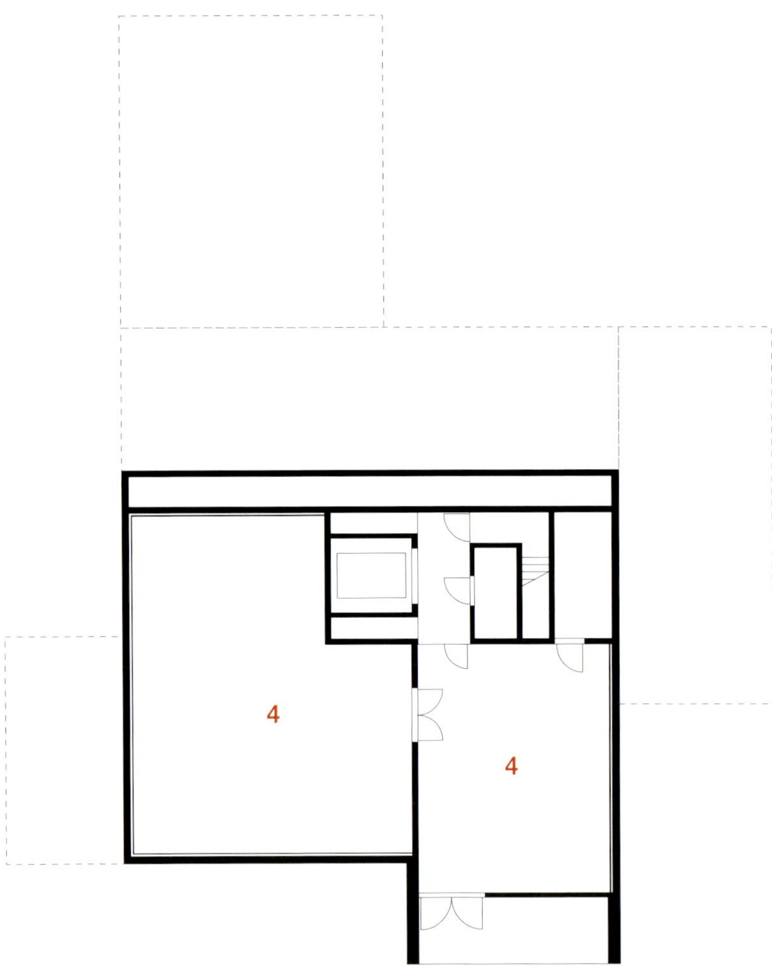

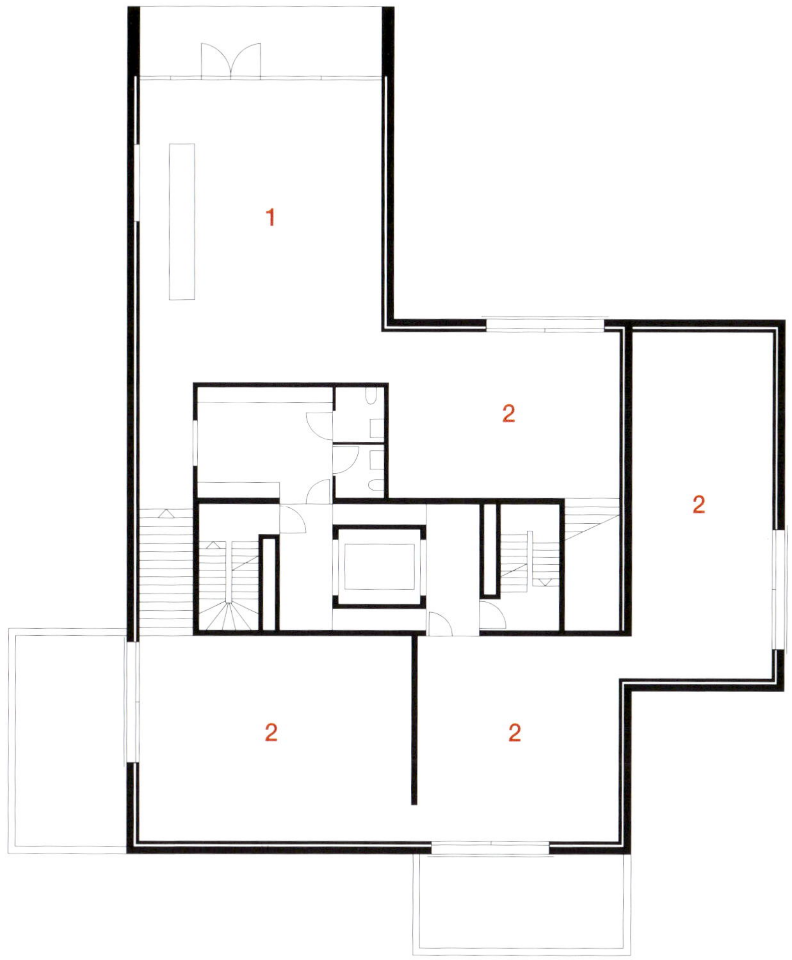
1
2
2
2
2

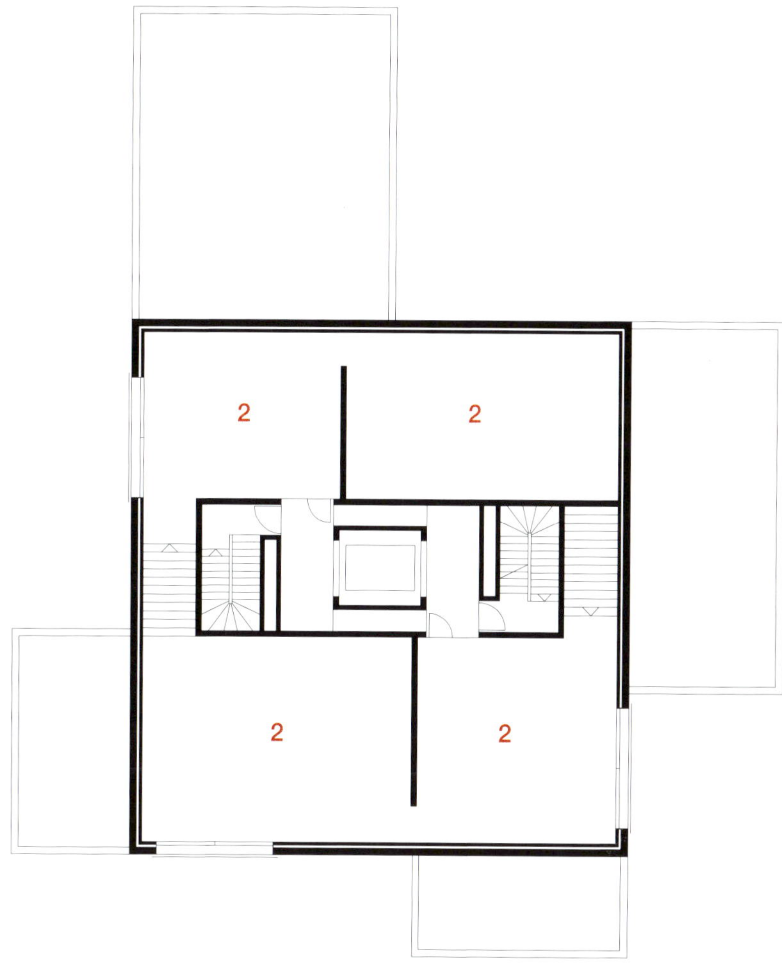
2
2
2
2

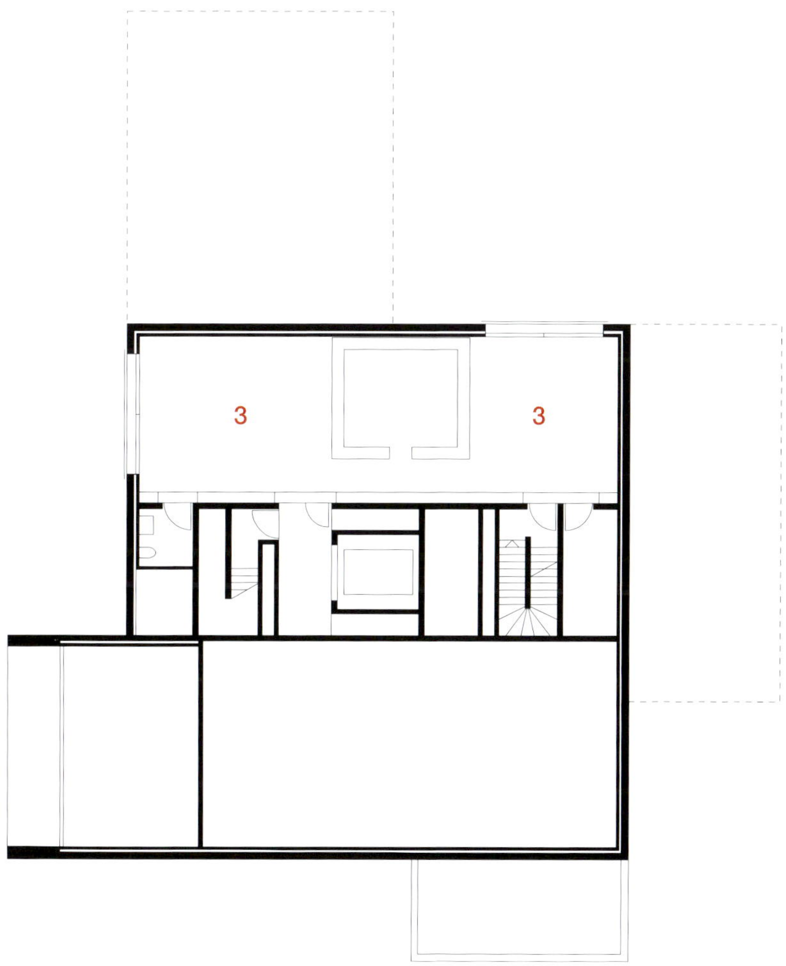
3
3

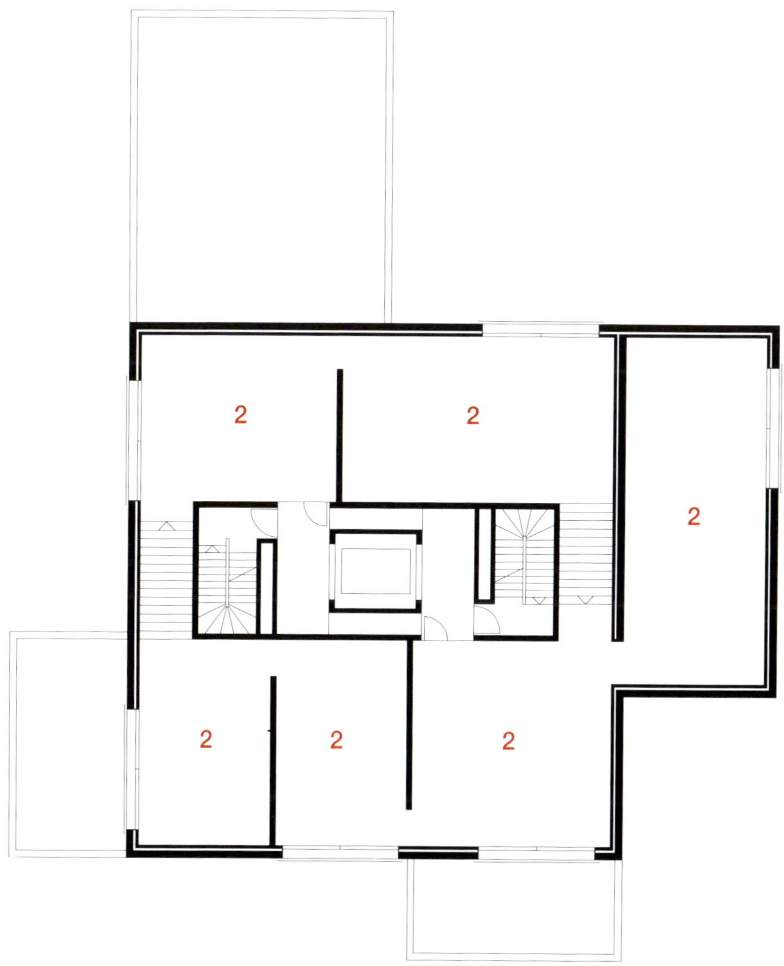
2
2
2
2
2
2

2
2
2
2
1
2
3
2
4
5
4

32, 33. Donation Albers-Honegger. Coupes. Légende: 1 salle d'entrée, 2 espace d'exposition, 3 bureau, bibliothèque, 4 dépôt et installations techniques, 5 salle de conférence.

32, 33. Donation Albers-Honegger. Floor plans (sections). Key: 1 entrance hall, 2 exhibition space, 3 office, library, 4 storage and technical equipment, 5 conference room.

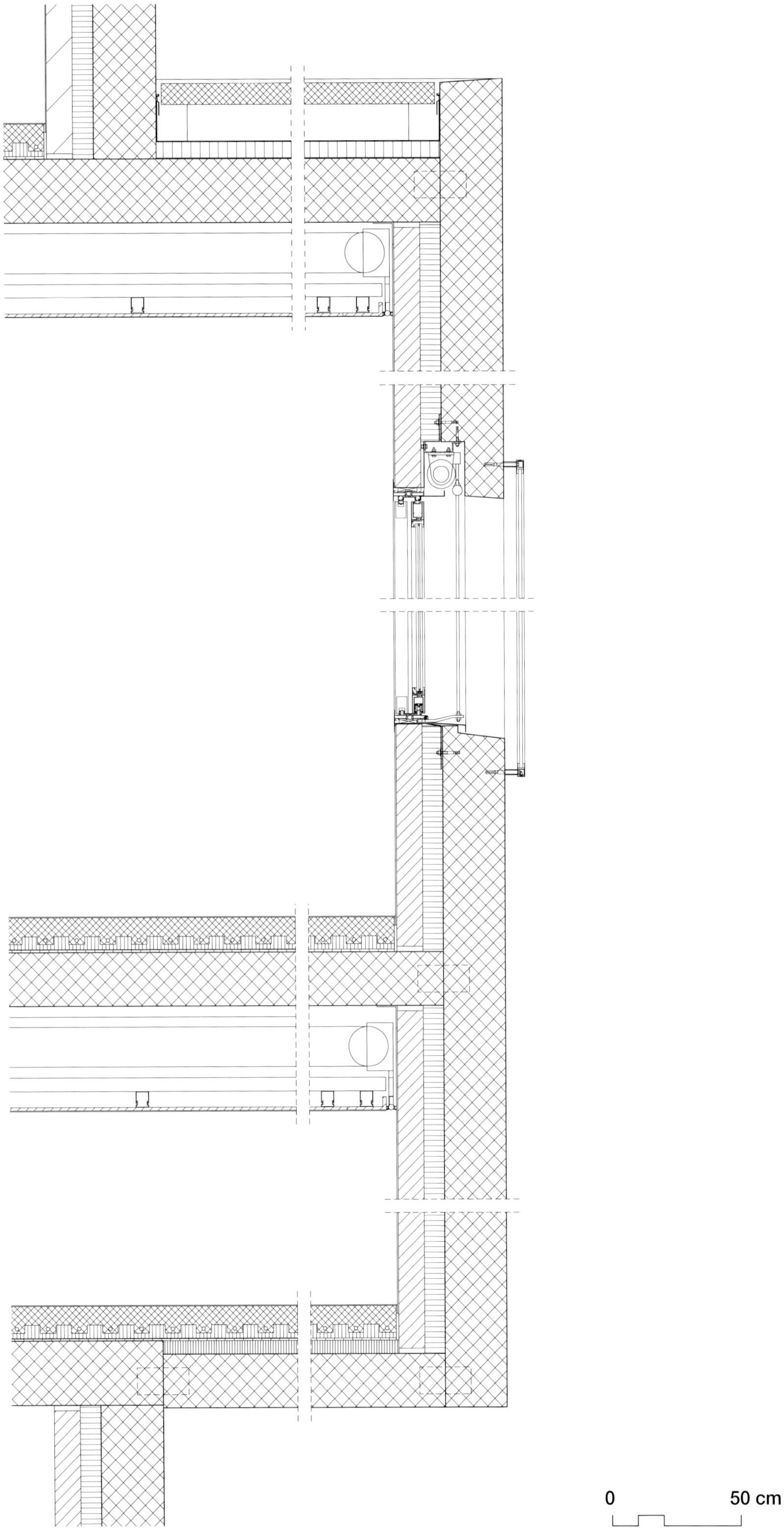

34, 35. Donation Albers-Honegger. Détails de la façade.

34, 35. Donation Albers-Honegger. Façade details.

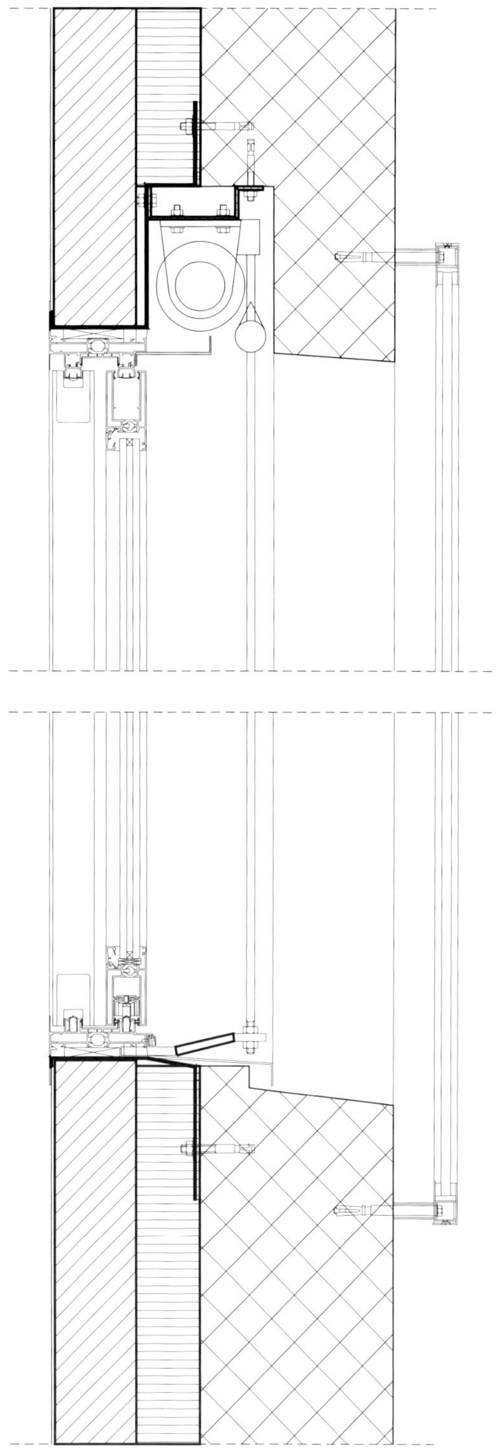

0 50 cm

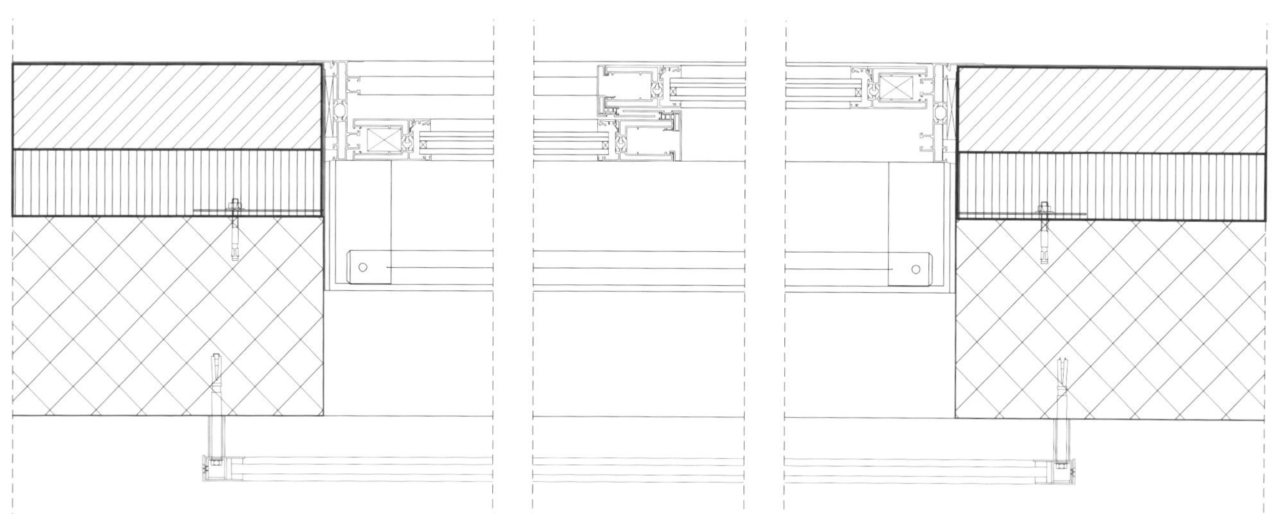

36, 37. Vues de la Donation Albers-Honegger du nord-est.

36, 37. Views of the Donation Albers-Honegger from the north-east.

38. Vue de la Donation Albers-Honegger du sud-est.
39. Vue de la Donation Albers-Honegger du sud-ouest.

38. View of the Donation Albers-Honegger from the south-east.
39. View of the Donation Albers-Honegger from the south-west.

40. Vue rapprochée du coin ouest de la Donation Albers-Honegger du nord-ouest.
41. Vue rapprochée du coin nord de la Donation Albers-Honegger du nord-ouest.

40. Detailed view of the west corner of the Donation Albers-Honegger from the north-west.
41. Detailed view of the north corner of the Donation Albers-Honegger from the north-west.

42. Vue de la Donation Albers-Honegger du sud avec la tour est du château à gauche.
43. Vue de la Donation Albers-Honegger du sud avec l'accès principal et une œuvre de Gottfried Honegger.

42. View of the Donation Albers-Honegger from the south with the east tower of the château to the left.
43. View of the Donation Albers-Honegger from the south with the main access and a work by Gottfried Honegger.

44. La salle d'entrée de la Donation Albers-Honegger en direction sud vers le château.
45. La salle d'entrée de la Donation Albers-Honegger en direction nord vers les espaces d'exposition avec deux œuvres de Bernard Aubertin.

44. The entrance hall of the Donation Albers-Honegger looking south towards the château.
45. The entrance hall of the Donation Albers-Honegger looking north towards exhibition spaces with two works by Bernard Aubertin.

46. Niveau 3a de la Donation Albers-Honegger avec des œuvres de Fritz Glarner, John McCracken, Keith Sonnier et Günther Uecker.
47. Niveau 3a de la Donation Albers-Honegger avec des œuvres de Gottfried Honegger.

46. Level 3a of the Donation Albers-Honegger with works by Fritz Glarner, John McCracken, Keith Sonnier and Günther Uecker.
47. Level 3a of the Donation Albers-Honegger with works by Gottfried Honegger.

48–50. Niveau 3a de la Donation Albers-Honegger avec des œuvres de Alan Charlton, Imi Knoebel, Man Ray, Gerrit Rietveld, Cédric Teisseire et Friedrich Vordemberge-Gildewart.

48–50. Level 3a of the Donation Albers-Honegger with works by Alan Charlton, Imi Knoebel, Man Ray, Gerrit Rietveld, Cédric Teisseire and Friedrich Vordemberge-Gildewart.

51–53. Niveau 4a de la Donation Albers-Honegger avec des œuvres de Max Bill, César, Alan Charlton, Dan Flavin, Günter Fruhtrunk, Alexej Gontscharenko, Camille Graeser, David Rabinowitsch, Gerrit Rietveld et William Turnbull.

51–53. Level 4a of the Donation Albers-Honegger with works by Max Bill, César, Alan Charlton, Dan Flavin, Günter Fruhtrunk, Alexej Gontscharenko, Camille Graeser, David Rabinowitsch, Gerrit Rietveld and William Turnbull.

54, 55. Niveau 5b de la Donation Albers-Honegger avec des œuvres de Richard Long, Piero Manzoni, John McCracken, Gerwald Rockenschaub, Sean Scully et Herman de Vries.

54, 55. Level 5b of the Donation Albers-Honegger with works by Richard Long, Piero Manzoni, John McCracken, Gerwald Rockenschaub, Sean Scully and Herman de Vries.

Espace de l'Art Concret
Château de Mouans
F-06370 Mouans-Sartoux

Château de Mouans
Transformation: 1990
Maître de l'ouvrage/Client: Ville de Mouans-Sartoux
Architectes/Architects: Michel Brante & Gérard Vollenweider, Cannes

Ateliers pédagogiques
Réalisation/Realization: 1996–98
Maître de l'ouvrage/Client: Ville de Mouans-Sartoux
Idée/Concept: Gottfried Honegger, Zurich
Architecte/Architect: Marc Barani, Nice; collaborateurs/collaborators: Brigitte Fryland (chef de projet/project architect), Michel Pautrel, Eric Benqué, Alex Amarrurtu, Sabine Germond

Préau des enfants
Réalisation/Realization: 2003
Maître de l'ouvrage/Client: Ville de Mouans-Sartoux
Idée/Concept: Gottfried Honegger, Zurich
Architectes/Architects: Gigon/Guyer, Annette Gigon, Mike Guyer, Zurich; collaborateurs/collaborators: Gilles Dafflon (chef de projet/project architect), Leander Morf
Bureau d'études/Contact office: BET G. L. Ingénierie, Daniel Pilat, Nice; collaborateur/collaborator: Antoine Ribaillier

Donation Albers-Honegger
Réalisation/Realization: 1999–2003
Maître de l'ouvrage/Client: Ville de Mouans-Sartoux
Architects: Gigon/Guyer, Annette Gigon, Mike Guyer, Zurich; collaborateurs pour le concours/collaborators for the competition: Eva Geering, Dalila Chebbi, Michael Bösch; collaborateurs pour la réalisation/collaborators for the realization: Gilles Dafflon (chef de projet/project architect), Katja Schubert, Leander Morf
Bureau d'études/Contact office: BET G. L. Ingénierie, Daniel Pilat, Nice; collaborateur/collaborator: Antoine Ribaillier

Aménagement des jardins/Garden design
Maître de l'ouvrage/Client: Ville de Mouans-Sartoux
Paysagiste/Landscape architect: Gilles Clément, Paris